当代体育教学改革创新与典型项目指导

杨建仓　著

中国水利水电出版社

www.waterpub.com.cn

·北京·

内 容 提 要

　　本书依据科学发展的要求，紧密结合当前高校体育教学的需要和大学体育改革的现状，以学生为本，从实际出发，确立以终身体育理念和技能为内容、以学生身心健康为目标的新型体育教学体系，对体育课程、体育教学方法、体育教学模式进行建构，对指导体育教学实践有较高的意义和价值，并对排球运动的训练理论和方法进行了多视角、多方位的重点阐述，包括排球运动的发展、排球运动的技战术、排球运动的体能训练及素质训练等内容。

　　本书可作为高等体育学院、高等师范院校体育教育专业本专学生学习体育教学设计的教材，也可作为广大体育教师进行体育教学设计的参考书。

图书在版编目（CIP）数据

当代体育教学改革创新与典型项目指导 / 杨建仓著
. -- 北京：中国水利水电出版社，2018.5（2022.9重印）
ISBN 978 - 7 - 5170 - 6444 - 2

Ⅰ.①当… Ⅱ.①杨… Ⅲ.①体育教学-教学改革
Ⅳ.①G807.01

中国版本图书馆 CIP 数据核字（2018）第 091452 号

责任编辑：陈 洁　　封面设计：王 伟

书　　名	当代体育教学改革创新与典型项目指导
	DANGDAI TIYU JIAOXUE GAIGE CHUANGXIN YU DIANXING XIANGMU ZHIDAO
作　　者	杨建仓 著
出版发行	中国水利水电出版社
	（北京市海淀区玉渊潭南路 1 号 D 座 100038）
	网址：www.waterpub.com.cn
	E-mail：mchannel@263.net（万水）
	sales@mwr.gov.cn
	电话：(010)68545888(营销中心)、82562819（万水）
经　　售	全国各地新华书店和相关出版物销售网点
排　　版	北京万水电子信息有限公司
印　　刷	天津光之彩印刷有限公司
规　　格	170mm×240mm　16 开本　12 印张　227 千字
版　　次	2018年5月第1版　2022年9月第2次印刷
印　　数	2001—3001册
定　　价	48.00 元

前　言

当今社会经济飞快发展，人们生活水平日益提高，因此广大群众对教育的要求更高了。教育不再仅仅局限于科学文化的教学，更扩充到当代体育教学。体育教学是推进学生强身健体、促进学生身心健康发展的重要支撑内容，其能够帮助学生养成良好的体育运动习惯和坚韧不拔的意志力，在现代教育理念的引导下，各大高校逐渐意识到体育教学的重要性，并将其纳入了教学体系之中。高校体育教学改革创新与实践研究是教育创新与改革的组成元素。

现如今，我国高校体育教学的改革，已经成为我国迫在眉睫的一项重要教育措施。近年来，高校体育教学改革虽然取得了一定的成绩，但同时也存在着很多的问题，要解决这些问题，必须对高校体育教学进行重新的认识和定位。本书基于体育教学的创新需要和改革趋势，以社会转型与大学生体质健康为前提，一方面论述高校体育课程与科学教学、体育教学方法的运用与变革、体育教学模式的构建与策略，另一个方面将排球作为典型项目，探讨现代排球理论的演变及创新发展、排球运动的技战术教学理论与应用实践以及排球运动员的体能与素质培养策略。

纵观本书，有以下几个特点值得一提。

（1）理论学习与发展相结合。作者立足于展示当代体育教育教学理论与方法，帮助广大体育教师扩大看问题的视野。在各个专题之间的相互衔接上，突出时代发展、学生全面发展以及新的教育理念、课堂教学环境等对教师课堂教学的新要求。另外，立足问题分析，结合一线教师的经验在现代体育教育理论上提升、引领从传统体育教学到现代体育教学的转变，正确构筑新的体育教学观。

（2）难点问题与应用实践相结合。从体育教学改革创新和以排球为代表的典型项目的指导，即整体和局部的角度，围绕当前一些难点问题与新课程实践需求剖析困难，促进理念迁移，易学易用。

（3）理论性与实践性相结合。在新时代的教育要求下，作为当代体育教师既要懂得理论，又要懂得与之相应的使用方法。仅有理论而不加方法毫无用处，没有方法而仅有理论则空洞无物。因此，本书力求做到既强调对理论的理解，也突出对方法的应用，使得体育教学目的明确，理论正确，方法得当，行之有效。

（4）传统教学思想和新思想相结合。教学思想的演进是发展的，将传统思想与新思想相结合，一是为避免新旧教学的脱节，从传统教学思想和新思想的结合去探讨两者之间的研究进展，以表现新课程体育教学的诉求应是二者的和谐与统一；二是整合课堂教学传统的基本技能与新技能、新技术，以实现体育教学可持续的发展。

（5）教育理论与教学策略相结合。教育理论的指导作用和教学策略的有效性相辅相成。教育实践证明，以多种方式从多种角度去教学、去学习效果最好。为此，本书努力在教育理论与教学的各种形式内容上对话，从而优化教学资源。

在时代大背景下，当代的体育教学不同以往，也使得本书的撰写需要贴合时代的创新性、进步性。本书对典型项目的论述与指导，不乏趣味性和科学性，且语言通俗易懂，更加方便了体育教学者和体育爱好者不同层面的需求。

本书在撰写过程中参考、查阅了大量最新的研究以及相应的实际运用知识，在此对相关作者表示诚挚的谢意。希望本书能够给读者在体育教学的准备阶段和实际应用过程中带来帮助。由于作者水平及时间有限，书中不妥之处，敬请广大读者及专家批评指正。

作　者
2018 年 2 月

目 录

第一章　社会转型与大学生体质健康

随着我国经济的快速发展和社会的不断进步，我国的社会转型加快了步伐，高等教育的规模也在不断扩大的过程中，然而，大学生的体质健康却面临着诸多问题和挑战。本章主要阐述社会转型中各种压力对大学生身心健康产生的影响、大学体育遇到的问题对学生体质健康的影响、现代生活方式与健康。

第一节　社会转型中各种压力对大学生身心健康产生的影响

大学是年轻人为了将来能更好地进入社会而接受高等教育的殿堂。大学为大学生提供了优良的成长环境，大学的生活是美好的，青年人在大学接受道德的熏陶，长身体、长知识、长本领，成为社会的有用之才。

在我国经济的快速发展和社会的不断进步的时代背景下，我国的高等教育发展迅速，目前已经进入高等教育大众化阶段。高等教育的大众化让更多的青年人有了上大学的机会，因而有了更好的发展机会。然而，在社会转型和高等教育规模不断扩大的过程中，高等教育的发展也出现了诸多问题，大学的培养质量出现了一些问题，其中大学生的体质健康连续下降，是目前摆在高校体育教师面前的一个不可回避的重大问题。近年来，媒体上不断有大学生在上体育课、参加运动时猝死的报道，这些报道已经不是什么新闻了。大学军训过程中学生病倒一大片、每天都有人晕倒的现象已成为各高校的普遍现象。最近，各地征兵工作开始收尾，喜讯是应征人数有所增长，但堪忧的是，体检的"不合格率"高，新华社称，某市的体检淘汰率高达 56.9%。那些勉强通过体检的入伍士兵，体质也弱，不少新兵由于体质弱，严重影响了作战训练，一位部队领导深有感触地说："这要是在战场上执行作战任务，可就麻烦了。"中国孩子面临严重的体质危机。相比战士而言，中国学生的体质更差。判断一个国家未来的国力状况，就看这个国家少年儿童的体质状况，而直接决定体质水平的关键因素就是体育。高校体育教师的一项调查结果表明，经过长期的努力，中小学生身体素质指标在 20 多年连续滑坡后开始止跌，但大学生的身体素质却仍然在持续下滑。大学生的肺活量水

1

平、体能素质持续下降。20 年来，大学生肺活量下降了近 10％；大学女生 800 米跑、男生 1000 米跑的成绩分别下降了 10.3％和 10.9％，立定跳远男生与女生成绩分别下降了 2.72 厘米和 1.29 厘米；学生或者过重或者过瘦，近视率接近 90％。可以说，大学生体质的这种状况已成为当前高等教育中突出的问题，直接影响到我国综合国力的提升。

我国大学生体质问题的重要性引起了教育者的重视，教育部体育卫生与艺术教育司司长王登峰用"形势严峻"4 个字来表达他对大学生体质问题的严重性的担忧，他十分感慨地说："以这样的身体素质，如何建设人才强国？"为了让大学生投入社会经济建设，也为了大学生将来的幸福，这一问题解决的必要性和紧迫性是不言而喻的。在方法论上，要解决问题，首先就要分析出现这些问题的原因。导致体质健康出现问题的原因很多，绝不仅仅是体育课程的问题，也不仅仅是学校教育的问题，它应该是一个社会转型的问题。事实上，在大学生体质连续下滑的 20 多年里，正是我国改革开放、经济和教育巨大发展的时期。客观地说，在这新的历史时期里，社会环境变迁无形中对大学生的思想观念、生活方式、行为方式和就业方式产生影响，大学生承受着较大压力，体质健康在压力的影响改变较大。在社会转型中，由于价值观冲突和矛盾而产生的发展方向迷惘、现代社会竞争的压力的增大、现代生活方式与行为方式的急剧变化、现代社会人际关系的压力，以及网络、手机与电子游戏强大的吸引力，都对大学生的心理健康与身体健康产生很多不良影响。

一、转型中的价值冲突与大学生的心理焦虑

大学生心理的迷茫和恐慌：在社会转型期，不同的社会形态下，不同的精神和物质存在着巨大反差的文化现象，首先影响的是大学生心理。党的十一届三中全会后，我国进入了改革开放时期。40 年来，改革开放为我国带来了经济与文化的快速发展，社会发生了明显的转型。在这 40 年里，政府的执政理念发生了改变，从以阶级斗争为纲转向以经济建设、幸福建设为中心，计划经济体制向市场经济体制转变；同时社会结构发生转变，社会形态发生变迁，社会形式从传统社会转向现代社会，社会格调从农业社会转向工业社会，社会形态从封闭社会转向开放社会，社会表现从体力型社会转向技术型与知识型社会，并进一步转向创新型社会；群众的思想观念由保守转向开放，生活、工作由慢节奏转向快节奏，人际关系由相对平稳转向激烈的竞争；等等。在社会转型的过程中，在各个不同社会形态下的不同精神与物质有着共存现象：在经济体制上，公有制与私有制共

存；在价值观上，集体主义与个人主义共存；在文化上，中华文化与西方文化共存，传统文化与现代文化共存；在生活水平上，暴富的奢侈与极度贫困共存；在城市现代化建设上，现代化的摩天高楼和棚屋区共存。这些巨大反差的事物共存现象对人们的心理产生了强烈的冲击，在这些巨大的反差面前，年轻的大学生不知所措，出现了一种心理上的恐慌。

在大学生人生观、价值观与世界观树立的过程中，社会时时刻刻都在发生着变化：当今的社会转型既促进了经济发展、社会进步、政治文明、文化繁荣、国力增强等，但同时也产生了官僚腐败、缺乏公平正义、文化腐朽和道德失范、社会矛盾激化等负面结果。当代大学生正经历着中国的大变革时代，整个社会的变迁伴随着他们的成长。面对着万花筒般变化的社会，在全民的价值观、人生观和世界观的变化中，这群价值观和人生观还没有完全树立的年轻人，却要经受着各种社会现实的种种考验。太多的理想与现实的矛盾造成了他们的茫然和无助，也给他们带来信仰的迷茫和心理压力的增大。这种压力和迷茫的痛苦是过去任何大学生所没有经历过的。

理想化的文化现象在现实生活中的丑陋不断涌现，使大学生对于抱有理想的心态产生了动摇：社会转型必然导致社会结构变化，社会结构的变化导致价值观念出现多元趋势，从而导致主流价值观出现了不同与冲突。由于社会的迅速转型，我国出现了农业文明、现代文明和后现代文明同时呈现的特殊现象，这种现象是价值冲突的社会基础，它不仅导致价值主体的多元化，也导致社会主导价值观的弱化。主导价值观的弱化使得大学生在价值观的冲突中无所适从，人们无法准确判断什么是对的，什么是错的。他们发现，书本上讲的与现实是两回事，他们看到的社会并不像书本中所描绘的那么美好，他们还看到，即使在被认为是一片净土的高校中，同样也存在着拉关系走后门、弄虚作假、不公平、不公正的现象，"拼爹拼娘拼关系"成为现实中的一种常态。这些现象让大学生们感到愤怒、无奈和压抑，使他们心理上产生焦虑和痛苦。

由于社会开始转型，大学生的心理和精神上都发生了一定的变化，对于大学生未来的发展也会有很大的影响作用。对我国发展中出现的一些社会现象形成了片面的、错误的认识，甚至对已有的信念和信仰产生了动摇；在外来思想与物质文化的影响下，个人中心主义膨胀，爱国主义和集体主义被淡化；现在大学生受社会的物质生活影响越来越大，精神价值取向也发生了一定的偏差，很多大学生崇尚物质，崇尚奢华，崇尚金钱，对于拥有的梦想和理想的追求则停滞不前，道德标准和荣辱观都发生了扭曲。很多人为了个人的利益，弄虚作假，攀附权贵，甚至出现了违法的情况。这种缺乏道德感和融入感的大学生品质却在大学生群体中越来越普遍，为了弥补这种情况就要加快社会转型期，以防止情况恶化逐渐严重。这种社会转型期间大学生所表现出来的不良现象，也是不可避免的趋势之一。由于大学生普遍存在核心价值观模糊的情况，当他们面对社会种种不合理的现象时，会感到困惑、不平和不安，产生对社会不信任和无奈的心理、浮躁焦虑和忧郁的心理、迷茫与盲从的心理，甚至导致人格发展的异常。这些消极的心理导致部分大学生出现抑郁、焦虑、强迫、恐惧等心理障碍，从而影响到大学生的身心健康。当今大学生这种由价值观冲突而引起的心理障碍和影响健康的问题，应引起社会、学校和家长的重视。

二、就业压力与大学生心理健康

改革开放以来，在我国经济持续快速增长的导向下，社会经济体对各类人才的需求量不断扩大，从而对高等教育提出了增加培养数量的要求。2019 年，将是我国高校扩招的第 20 年，大学在数量、规模、专业设置等方面急剧增长。与此同时，为了提升经济水平和促进社会的进步，促使了适龄青年希望有更多接受高等教育的机会。为了满足不断增加的接受高等教育的需求，我国高校年年扩招，高校的规模迅速扩大。2016 年，我国高等教育毛入学率已达 42.7%，比 2012 年增长 12.7%，我国进入国际公认的高等教育大众化阶段，实现了从精英教育向大众教育的转型。2018 年，我国高校毕业生总数预计达到 820 万，数量不断增加的大学毕业生涌进就业市场，使得就业方式也发生了巨大的变化，由过去的国家统一分配转变为"双向选择，自主择业"的方式。这一变化使大学生难以适应，他们经受着巨大的就业压力。目前，大多数高校的签约率都很低，这已是不争的事实，而且就业率总体上还处于下降的趋势。当今大学生面临的就业问题非常严峻，就业竞争所形成的压力已经成为影响高校大学生心理健康的主要因素之一。

面对严峻的就业压力，今天的大学生并未做好充分的思想准备，他们的就业观念和就业取向仍未能完全适应就业市场的现实情况。一些研究结果表明，当前相当一部分大学生对就业形势认识不足，缺乏相关知识和能力，竞争意识不强，心理状态差，思想压力大，所学专业与未来工作不匹配，这使大学生群体出现较为严重的消极情绪，一些研究表明，无论是抑郁还是焦虑，这一群体都显著高于社会常态，大学生群体的消极情绪体验成为一种常态，尤其是大四学生的消极情绪最为严重，检出率均超过了半数。焦虑、自卑、嫉妒、幻想、愤怒、恐惧是目前大学生在就业过程中常见的心理，就业压力对大学生的心理健康产生了严重的负面影响。大学生就业心理压力过大，不但对自身的健康成长产生不利影响，而且还会影响到求职就业，甚至将消极情绪蔓延至今后的家庭和所从事的事业中，因而对社会产生负面影响。

刘春雷博士对吉林、浙江、黑龙江 3 省本科大学生的研究结果表明，除了大四学生外，其他年级的大学生同样也承受着巨大的就业心理压力。就业心理影响着大学生的学习、生活，从而影响他们身心的健康发展。他认为，大学生的就业压力来自很多方面，同行之间的竞争、学业成就方面的比较以及家人朋友们的压力等，使他们不得不生活在难以喘息的现实中。企业对就业大学生往往会择优而选，而且由于各个学生的学习背景和毕业学校的高低层次，所选择的职业也分高低。这就要面对淘汰这个过程。我国社会现在越来越多的竞争岗位逐渐增多，失业人员也逐渐增多，他们的心理压力也随之更大。大学生需要合理地释放自我压力，从心理上和精神上以一种较为轻松的态度去寻求工作。研究表明，大学生对于就业前景是非常关心的。就业机会少，就业面狭窄是主要的核心问题。因为现在严峻的社会形势使大学生就业的观念并不是很积极。所以社会、学校和家庭更要成为大学生寻求职业时的顶梁柱，学校应该积极创造各种就业的面试会；家庭也要陪伴着大学生，即使在艰难的时期，也不可以放弃。社会更要为大学生的就业寻求机会。大学生也要减少就业压力，增强面对艰苦时期的心理素质，增强综合素质，提高自身专业水平，采取有效的办法，从而减少压力。只有采取在心理上和精神上释放的办法以减轻他们的压力，才能逐渐排除他们消极、焦虑与抑郁的心理，保证他们的身心得到健康成长。

三、学业压力与大学生身心健康

大学是人生接受系统的学校教育的最后阶段，校园学习结束后，学生将走向各自的工作岗位，进入职业生涯。大学生进入大学，其首要任务是学习。为了自己将来能更好地发展，如何学好知识和本领依然是大学生最为在意的问题，因此学业压力就必然成为他们面对的主要问题。

学业压力是指学生在面对来自学校、家庭和社会的学习要求与学生学习能力之间的矛盾时而产生的心理压力。诸多研究表明，当前学业已经成为大学生学习生活中的主要压力。对于外界提出的各种学业要求，很多大学生感到力不从心。这些过高过多的要求，使得他们在面对这些要求时内心紧张，毫无信心，自我衡量过后，自觉他们的能力已无法达到，因此他们担心、着急、焦虑甚至恐惧。不少研究表明，适中的学习压力强度有利于维持学生的适度紧张感，从而提高其智力活动的效率，但过高的学习压力则会产生多种负面影响，如引起学生的健康状况不佳、导致抑郁和学业成绩不良等。大学生的学业压力随着社会的发展和竞争压力的增加而日益凸显，樊富珉对清华大学学生的调查指出，有很多专业性较强的学科，其课程多，难度大，任务重。而且学生们又刚刚从高中步入大学校园，所接触的环境和知识层次达到一个更高的水平，这让学生们难以在一时之内接受，所以学习压力就成了主要压力之一，再由于父母的期望、同学朋友和亲戚间的对比比较，也会让大学生对于学习的负担加重，从而身体和心理上也会出现一定的变化，导致失眠等不良的现象。

在这种强力度的负担下，大学生在生理上出现明显的不良状况，其中最为突出的是食欲不振和睡眠不好。各地高校的调查结果都表明，如今大学生普遍存在较为严重的失眠和睡眠质量不佳现象，这一现象必然影响他们的身心健康。陈芳蓉对大学生的学业压力源与睡眠质量的特点及其关系进行了专门的研究，她分别从任务质量数量要求压力、竞争优胜劣汰压力、挫折应对压力、环境舆论压力、成绩目标时限压力、期望成功压力、就业前景不确定压力、发展空间受限压力和父母期待压力等方面考察大学生的学业压力。研究结果表明，大学生学业压力源与睡眠质量之间存在相关性，其中除与期望成功压力相关外，与就业前景不确定压力、成绩目标时限压力、任务要求质量数量压力、竞争优胜劣汰压力、挫折应对压力、父母期待压力、环境舆论压力和发展空间压力都存在极显著相关。尤其是睡眠障碍因子、日间功能障碍因子与大学生学业压力源的各因素都存在显著或极显著相关。研究结果还表明，学业压力源变量可直接显著影响大学生的睡眠质量，同时也可使他们在日常学习和生活中处于焦虑、抑郁状态，再间接影响睡眠质量。一些调查研究表明，由于学习压力过大，致使相当一部分大学生长期处于一种焦虑不安和抑郁的状态，因此普遍患有神经衰弱症，严重影响到他们的身体健康。学业的压力使多数大学生没有动力和时间参加体育锻炼和娱乐活动，他们紧绷的精神不能得到必要的缓解，身体长期得不到锻炼，导致相当一部分大学生体质衰弱。

当今，大学的课程普遍存在数量多、难度大、要求高的问题，特别是进入知识经济后，社会对大学生提出了更多更高的要求，因此大学的学习压力多多少少是存在的。但是，大学生正处于长身体的阶段，过大的学业压力将对他们的身体健康产生不良影响。因此，高校体育教师应当想办法解除他们的学业压力。国内外学者的研究表明，有效的时间管理、社会支持、积极评价以及开展休闲娱乐活动是减轻学生学业压力的有效途径。高校体育教师应当帮助学生尽快学会和掌握科学管理时间的方法，提高学习效能和减轻压力；不断创造必要的机会与时间，让大学生参加各种休闲娱乐活动，尤其是参加体育锻炼；还应当创造更多健康的人际交往的机会，让他们在各种人际交往中获得情感支持，减轻学业压力。

四、社交压力与大学生体质健康

中学期间，学生的人际环境一般都是父母亲人，升入大学后，大部分学生都住进了学校的集体宿舍，他们的人际环境发生了很大的改变。学校是一个特殊的小社会，在这个小社会中，大学生天天要和自己的同学一起住、一起吃、一起上课、一起讨论、一起娱乐。在进入大学之前，大学生都生活在家庭中，社交的圈子较小。进入大学后，天地更为广阔了，社交的范围突然变大、变多元化了。因此，一部分大学生进入大学后不太适应大学的生活，不太适应当今社会多元化的人际关系，造成了人际关系的紧张，产生了社交的压力。

大学生是一个思想活跃、开放的群体。作为情感丰富的年轻人，大学生渴望被人理解、接受与认同，有着强烈的人际交往需求与情感接纳需求。大学生在交往中珍惜友谊，在人际交往中注重感情，动机相对较单纯。但是，年轻大学生尚未形成较稳定的人生观、价值观，情感丰富但不太稳定；现在的大学生中独生子女比例较高，大多数较为自我，经常不能正确地看待自己和别人的差异，考虑问题往往比较片面，这些都导致他们在人际交往中产生不同的问题和交往不顺利的障碍。大学生来自全国或全省各地，这就造成了他们在语言、习俗、个性以及不同地域文化背景等方面的差异。大学生共同生活在同一所学校中，交往空间较小、交往频率很高，特别是同一间宿舍的同学，彼此的交往频率更高，大家抬头不见低头见，交往的时间长了就难免会发生各种矛盾，引起摩擦与冲突。人际关系的问题常常使一部分大学生陷入一种怨恨、焦虑、恐惧和报复的心理。有时候，这些冲突甚至发展到可怕的程度，如媒体上报道的同宿舍舍友投毒事件、杀人事件。

诸多调查研究都表明，当今大学生的人际交往确实存在着比较严重的问题，人际交往问题主要表现在以下四个方面。①交往动机：在全社会以及父母过分强调竞争的背景下，大学生的竞争意识比较强，喜欢争强好胜，总是希望各方面都能够比别人好，对其他人常常表现出防范的心理和冷漠的心态，过度的提防心理造成某些大学生不敢交往。②交往性质：在当今高速发展的市场经济时代，面对着激烈的竞争和金钱物质利益的诱惑，越来越多的大学生注重人际交往的物质实惠，使他们交往常带有功利性。③交往回避：当今大学生中人际交往存在阻碍，影响了正常人际关系的形成，出现了社交回避的现象。④交往能力：交往能力不

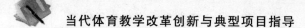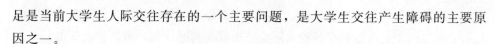

足是当前大学生人际交往存在的一个主要问题，是大学生交往产生障碍的主要原因之一。

在学生步入大学生活之前，他们的精力都放在课程上，而高中又是学业紧张的一个重要阶段。所以学生很难将精力放在人际交往之中，步入大学之后，会集体生活在一个宿舍，宿舍内的几个人也需要比较重要的交流交往才能和平相处，而这在一些学生的心理上会造成很大的负担，由于之前并没有处理过与此相类似的情况，所以很多学生都会在交流上有障碍，导致心理挫败感，所以大学生的焦虑来自社交问题。这种人际交往压力使大学生可能出现心理上的价值观扭曲。更严重的社交焦虑会影响大学生的学习生活，社交焦虑大学生占总数的比例较高。社交焦虑成了大学生普遍的心理卫生问题，心理焦虑直接影响其学习、社交、生活及将来的择业和工作。朱孔香等对 121 名大学新生的调查结果表明，大学新生焦虑的发生率为 38.84％，焦虑水平显著高于社会常态。这一结果说明大学新生确实存在明显的焦虑情绪。因为调查的对象来自一年级的大学新生，他们刚刚离开父母和熟悉的生活环境，对面临的大学生活和环境有陌生感和不适应，因而社交焦虑表现得更为突出。

社交是人生存与发展的必需品，是人生存与发展的需要，对人的身心健康起着重要的影响作用。如果一个人在人际交往方面受到挫折，会成为其重要的心理压力源之一，影响其心理健康的发展水平。许多研究都表明，社交压力是大学生所面对的主要压力之一，不良的人际关系状态是大学生心理障碍和精神疾病的主要诱因，同样对他们的身心健康造成严重的影响。人际交往是我们的生活中必不可少的一个重要部分。一个人能够与其他人保持良好的关系，在现实生活中会对很多方面有一定的影响作用。沟通情感，交换意见是人际关系的重要行为。亲和力也是人际交往的基础，人际关系处理中不可一味地撒谎，也不可一味地恭维。彼此之间用积极肯定支持的眼光互相交流，善于发现别人的优点，接受别人的批评和意见。心胸宽广，目光长远一些，这样自己的心理和精神都会得到很好的发展，从而与舍友乃至同学们和平相处。为了让大学生身心能健康发展，社会、学校和家庭都应当重视他们的社交问题，想办法帮助大学生疏导社交上的压力。学校应当注重加强校园文明建设，支持大学生建立各种社团组织，开展各种健康有意义的集体性活动，为他们创造更多人际交往的机会，使他们能在良好的集体氛围中，感受到良好的人际交往所带来的愉悦，同时通过有组织的交往帮助他们提高交往能力。解决大学生社交问题仅仅靠学校还不够，还需要靠学校和社会、家庭之间的积极配合。当然，大学生也要加强自我教育，树立正确的人生观，不断完善人格，同时要主动参加各种人际交往活动，在交往中学习掌握交往的能力和技巧。

第二节　大学体育面临的问题对学生体质健康的影响

一、高校转型对大学体育的冲击

(一) 大学扩招导致高校场地、器材不足

迈入 21 世纪后，我国高校每一年都在扩大招生，在校生数量不断增加，即便全国高校投入基础设施建设的资金相当可观，但由于对体育重视不够，现今我国高校普遍存在的问题还仍然是体育场地、器材缺乏的状况。身处高校中，在课外活动时间里体育场馆人满为患的现象时常可见。体育场地不足的现象严重影响着高校体育教学和课外体育活动的顺利进行，制约着大学生参与课外体育锻炼的积极性。近 5 年来，高校体育场馆建设有了一定的进展，部分高校建成了一批较现代化的体育场馆，但这些场馆往往被学校或学院对外"开发"了，甚至承包出去进行校外比赛，这使这些场馆变成学校创收的平台，而大学生作为学校真正的主人却由于暂时无经济收入，没有资格进入场馆进行锻炼，尤其是一些条件较好的室内体育场馆。多数大学生对这种对外开放、对内封闭的做法意见很大，进而严重影响了他们的锻炼热情。范文全对抚顺市的 6 所普通高校大学生以及在校老师的调查表明，在影响大学生参加体育锻炼的外在因素中，学生认为运动场所和运动器材缺乏所占比例最大，占调查总数的 35.9%。高校是培养人才的重要基地，应尽可能为广大学生参加体育活动提供必要的场地器材，只有这样才能保证课外体育活动的正常开展。申健民对河北省 850 名大学生参加体育锻炼现状进行了调查研究，从调查结果可以看出，目前大学生认为影响他们参加体育锻炼的最主要因素也是场地器材问题（37.2%）。高校连续扩大招生后，体育场地、设施和器材本来就存在不足的现象，现在又出现了"雪上加霜"的困难局面。在场地器材短缺的情况下，许多院校为了保证体育教学任务的完成，只好在第 7、8 节开设体育课，直接影响了大学生参加体育锻炼的规模和深度。因此，如何尽快完善体育场馆场地等硬件设施，是各级领导应当重视的问题。

(二) 高校的相关管理制度影响体育教师的工作热情

1. 不合理的工作负荷使体育教师疲于应付

每一年都在增加招生，使高校的在校生数量不断增长，目前多数高校已人满

为患。面对不断增加的在校生，高校的老师承受着很大的教学工作压力，尤其是体育老师。大多数高校实际上未能给予体育足够的重视，因而在教师编制上总是对体育教师"另眼相待"，体育教师队伍的编制总是受到挤压和限制，很多学校不能按教育部规定的师生比配置体育教师。因此，不少高校体育教师队伍实际上处于一种较为严重的缺编状态，缺编现状造成了体育教师都需要承担不同年级、不同班级的繁重的教学任务，每周上课少则16～18节，多则20节以上，并且每周上20多节课的情况并不少见。大多数体育教师除了上课之外，还要指导课外运动队训练，组织学生锻炼、体质测试和各种竞赛活动，超负荷的运转使他们感到难以承受，身心的疲惫长期得不到恢复，致使工作的热情受到一定的影响，严重影响到体育课程教学的质量。

2. 职称评定激励机制影响体育教师的工作投入

理论上，体育教育对于高等教育来说是十分重要的，照理应得到必要的重视，但实际情况普遍是说时重要，做时次要，忙时不要。因而体育教师在高校中的地位不高，大到高校中的很多政策、制度和机制的确定，很少考虑到体育专业的特点和体育教师工作的特点，高校体育老师普遍反映，在学校中经常受到不平等的待遇，是高校教师中的弱势群体。例如，高校教师职称评审工作的量化指标就很少考虑到体育专业的实际情况，造成体育教师在职称评审过程中成为学校垫底的群体。当前，多数高校职称评审的最主要的衡量标准是教学中对学生体育的质和量的水平是否达标，很多体育老师为了能够评上优秀教师，都会在教学中采取一定的措施。但是也有很多人会忽略掉体育这门专业性较强的学科的一些基础知识。而老师有时会让学生自主运动或是自主活动，以此满足个人利益，从而达到想要评上职称的目的，这样是一种非常错误的教学，不仅会影响学生身体素质，也会对学校的发展起到负面作用，对于学生的身心健康更是一种不负责任的表现，进而会降低学生对体育这门学科的兴趣。

种种外在因素造成体育教师缺乏内在工作热情和积极性，一部分人对自己的本职工作应付了事，在教学过程中不愿意投入足够的时间和精力，对课堂教学缺少周密设计和认真组织，不按科学规律教学，没能考虑如何保证学生在活动过程中达到增强体质应有的运动负荷的目的，造成学生体质得不到应有的锻炼和提高。

（三）大学生缺乏参加体育活动的积极性

1. 大学生体育活动的现状

近几年来，随着我国经济水平的提高和对教育的重视程度，教育经费的投入相应也得到提高，大学的体育场馆器材等确实是有了一定的改善，但大学生参加体育活动的情况却未见好转。全国各地高校的调查结果表明，目前大学生参加体育活动的情况不太理想。学生的体质健康状况依然存在一些突出问题，一些指标堪忧，如大学生的耐力、速度、爆发力、力量素质继续下降，一些指标甚至不如中学生。农村学生体质改善幅度远超城市学生，大学生身体素质呈继续下降趋势。陈岩对福建省普通高校大学生体育参与现状的调查结果表明，每周参加体育锻炼的次数在 3 次以上的男大学生只占 22.2%，女大学生只占 17.0%，从不参加锻炼的比例高达 30% 以上，女大学生高达 50% 以上，男女生存在显著差异（P＜0.05）。福建省大学生每周参加体育锻炼的次数低于 3 次的比例在 80% 左右，与体育人口每周锻炼 3 次以上的标准相距甚远。大学生体育锻炼的严重不足，必然会导致他们体质健康水平的下降。

2. 影响大学生参加体育锻炼的原因

在社会转型期间，我国的应试教育模式依然十分强大，素质教育的模式发展相对于应试教育只普及到了一些相当优秀的学校。即便在高等教育已经实现了大众化的情况下，但是出于对社会就业竞争的压力反应和优质教育资源的不足与不平衡，孩子们从小学开始就在应试教育的压力下艰难地成长。为了考得好成绩，考上好的大学，学生们从小埋头读书，从小就失去了快乐。少年时期就不得不将大量休息、娱乐和锻炼的时间放弃，最终使得他们成了弱不禁风的考试机器。考上大学后，又出于对就业竞争的压力，仍然逃脱不了应试教育的怪圈，使得本来就虚弱的身体得不到应有的锻炼，体质的不健康进入了新一轮的恶性循环。随着社会转型，很多企业的竞争岗位有限，而大学生又面对着紧张的学业和找工作的压力，所以很难将重心和精力放在体育运动上，他们会压缩运动的时间，利用这个空闲去学习去记忆课本。各种证书的考试、考研等都会榨压对课外锻炼的时间。所以这不仅不利于自身的身体素质，也会让大学生对体育的激情和兴趣急速下降。

多项调查研究结果都说明，大学生一般都能认识到体育锻炼对体质健康的重要性，也都明白长期缺少运动必定要影响到体质健康，但是多数人并没有把这种重要性转化为行为习惯，并且缺乏锻炼的坚持性。根据李英玲对东北大学生的调查，有 88% 的大学生认为自己身体不好的原因是缺乏体育锻炼，其中怕累的原因占所有不参加体育锻炼原因的首位，在调查者中达到了 42%。学生中只有 35% 左右的人愿意参加力量及长跑训练。对于不愿意参加力量及长跑训练的原因，70% 的学生回答是怕累、嫌枯燥。对不愿意参加体育锻炼的多种原因进行选择时，学生中64％选择没有养成体育锻炼的习惯，52％选择怕累，40％选择没有自己喜欢的体育项目，28％选择没有时间、家长不支持，26％选择没有场地和器材，17％选择怕受伤。大学生正处于发育生长的青春时期，这一时期他们生命力最旺盛，身体经得起"折腾"，大都不存在疾病的威胁，他们往往会认为即使自己不参加体育锻炼照样精力充沛、不生病。因此，即便他们知道体育锻炼对身体有好处，但对这一认识只停留在表面，缺乏一种内在的动力，未能形成一种信念，最终没能落实到行为层面，导致大学生参加体育锻炼出现认知与行为相悖的状况。这种状况表明，体育锻炼的认知水平并不能必然导致其信念水平的提高，从而并不能必然导致行为的实施，认知和行为中间有着复杂的转化关系。因此，高校体育教师需要探讨如何让大学生在已有的对体育锻炼认识的基础上，将认识转化为内在的信念，逐步形成参加体育锻炼的行为习惯，坚持经常性的锻炼。为了达到最终让大学生形成锻炼的行为习惯的目的，坚持经常性的体育运动的自觉性，高校体育教师首先应当注重从体育知识技能掌握到健康信念的转化，在向学生传授知识、形成技能的同时，培养学生树立正确的体质健康价值观，形成健康的信念和健康的行为习惯。正是出于健康信念的形成，才能对体育锻炼行为产生持续稳定的动力，才能对参与体育锻炼、提高体质健康形成良好的促进作用，并由此养成锻炼习惯。同时，还应加强校园体育文化建设，将校园体育文化建设与校外体育文化联系起来，同时建立各种体育活动制度，组织各种体育社团，加强体育宣传活动，让校园形成一种良好的体育锻炼的氛围，促进大学生主动参加各种体育活动。另外，应当进一步加强体质测试的科学化，真正让体质测试起到推动学生参加体育锻炼的作用，同时还应当加强对学生健身的指导，让学生真正感受和体验到体育锻炼的好处和实际效益。

二、大学体育课程改革滞后影响大学生体质

从中华人民共和国成立至今，我国高等教育历来重视体育的育人作用，我国大学一直都开设体育课程，而且将大学体育课列入必修课程，成绩不合格者不能毕业。改革开放以来，为了适应社会转型和高等教育转型，我国广大高校体育教师一直在努力改变观念，积极探索体育课程与教学改革，在课程目标、课程内容、教学模式与方法、教学评价等方面进行全面改革，取得了明显的成效。即便如此，客观地说，改革仍然滞后于形势的发展，尚未达到改革的目的。大学开设体育必修课程，其目标是要培养学生对体育的兴趣爱好，养成积极参与体育活动的习惯；掌握一定的体育知识和体育锻炼的手段，让学生具备终身锻炼身体的能

力；通过体育课和课外体育活动增强大学生的体质，培养大学生良好的心理品质和社会适应能力。对照体育课程的目标与要求，应该说当前的高校体育课程与教学改革的目标之间还有很大的差距。即便大学生体质下降问题不能全由体育课程来承担，但体育课程却有不可推托的责任。据此，面对大学生体质健康水平连续下降的现状，高校体育教师应当反思目前体育课程改革存在的问题。

（一）体育课程内容改革对大学生体质健康的影响

还是在 2002 年 8 月，教育部印发了《全国普通高等学校体育课程教学指导纲要》（教体艺［2002］113 号）（以下简称《纲要》），已经过去十几年了，现今的高等学校贯彻实施的效果仍不容乐观。《纲要》是指导性的，灵活性较大，从此高校在体育课程设置上有了更大的自主权。《纲要》明确规定，在实现总体目标的前提下，高校可以根据本地与本校实际和特色自主设置大学体育课程，这就为大学体育课程改革提供了更大的空间。在《纲要》的指导下，多数高校自主构建了较符合学校实际情况的课程，编写了自己的《大学体育》教材。各地高校积极开发本地丰富的课程资源，为了让课程内容更加丰富，将大量的民族传统项目、现代体育项目和娱乐休闲体育项目引进课堂，条件较好的高校体育课开设的项目可达数十项，如射击、射箭、击剑、武术、柔道、跆拳道、健美操、啦啦操、赛艇、水球、跳水、攀岩、沙滩排球、龙舟、排舞、板球、踏板操、秧歌、腰鼓、野外生存技能、定向越野等，甚至还开设了橄榄球、棒球、高尔夫球、藤球等项目。丰富的大学体育课的项目能够激发学生的兴趣与爱好，促进他们主动参与体育课程学习的热情，并取得较好的锻炼效果，同时培养他们终身体育的能力。不过，任何事情都不能矫枉过正，不是所有能引起大学生兴趣爱好的项目都能适合体育课程的需要，有些项目，如棋牌类、钓鱼、飞镖、台球等虽然很受一部分学生的喜欢，但这些项目缺少一定的运动负荷，对运动器官和内脏器官的锻炼作用很小，难以达到改善大学生体质、增进健康、培养顽强的意志品质的目的。

身体练习是体育锻炼的核心地位中最重要的部分。课程内容与娱乐性的内容和游戏在目的与方法上有很大区别。如果仅从大学生兴趣出发，将钓鱼、台球、飞镖等项目列为大学体育课程的教学内容，替代传统的、真正能够促进体能发展的、与人类生活息息相关的运动项目（如田径、游泳等），会使单纯的快乐和兴趣取代身体在承受一些枯燥单一的负荷的刺激后，身心所获得的一种快慰以及身体练习过程中对忍耐力与意志品质的磨炼，结果导致大学生在极其有限的体育课程教学时数内，放弃了体育课程的核心内容——身体活动内容的选择，而仅凭兴趣和乐趣选择对身体机能刺激不大的休闲性项目，看似内容丰富多样，但削弱身体练习的核心地位，锻炼效果甚微。体育课程内容考虑学生的兴趣和爱好没有错，但是如果选择内容仅以此为依据，就会造成一部分耐力性项目和力量性练习因学生怕累不喜欢而被排除，使得体育课的运动量和强度严重不足，最终的后果是大学生心肺功能和肌肉力量明显下降。

（二）体育教学模式改革滞后影响课程目标的达成

体育课是实践性很强的培养课程，体育课程要达成课程目标，实现促进学生达到锻炼量和实现体质健康的目的，最终的途径是通过体育教师和学生互动的教学实践。而体育教学要达到较佳的效果，选用的教学内容除了必须具有科学性、实用性、文化性、趣味性等之外，更重要的是在教学的实施中还要有适合的模式、方法、手段。《纲要》推出之后，广大体育教师为了提高体育教学效果，一直在努力进行着教学改革探索，在各种思想的指导下创造出了多种新颖的教学模式和方法。不过，客观地说，这些改革也存在一定的问题，尚未有效地推动体育课程总体目标的达成。

在中华人民共和国成立后教育改革的很长一段时间里，运动技能的传授模式在我国高校体育教学课程中一直占主导地位。运动技能的传统教学模式的目标主要是掌握运动知识、技能和技术。传统教学模式突出了教师在教学中的主导地位，有利于教师有效地组织、调控教学，有利于学生有效地掌握运动技能，对发展学生的运动技能水平取得较好的效果。不过，传统教学模式忽视了学生在教学过程中的主体作用，忽视了学生的兴趣爱好和心理特征，不利于激发学生学习的热情，不利于发展学生的个性和创造性精神。长期执行这种教学模式的结果是使许多热爱体育的学生不爱上体育课。

改革开放后，我国体育教师为了改变传统技能教学模式的输入型教学现状，开始注意学习世界各国先进的教育思想和教学模式，其中"快乐体育"对我国体育教学改革起到重要的影响。在日本"快乐体育"思想的影响下，我国体育教师结合具体国情，逐步形成了自己的"快乐体育"的教学模式。体育教师试图以"快乐体育"的教学模式实现学生喜欢体育、热爱体育并逐步养成终身体育锻炼的习惯的目标。

新型"快乐体育"教学模式采用的是学生喜闻乐见的运动教材，通过现代体育教学方法手段，让学生充分发挥他们的主体积极性，在学习中体验体育运动的快乐和满足，属于输出型教学模式。同时，老师们还提出了"主体体育""乐和体育""成功体育"等教学模式。这些教学模式的共同特点是以学生的身体健康和全面发展为本，力图改变传统的单一传授运动技术的教学模式，强调发挥学生的主体意识，从学生的兴趣入手，注重培养学生的体育意识和情感，养成终身体育锻炼的习惯，使学生终身受益于体育。

中华人民共和国成立后长达 30 多年的时间里，以运动技能传授模式一统天下的我国各级学校体育教学，确实使体育课枯燥无味。为了改变这一状况，老师们设计出多种希望学生能体验到体育学习的快乐、对体育产生兴趣的教学模式。不过，现阶段教学模式大多数都过分关注学生的情感体验和兴趣爱好，在课程的组织安排上较为松散，过于自由，在运动技能学习上降低要求，甚至为了让学生高兴而降低体育课的运动量和强度，这就必然要影响到体育课的锻炼效果，难以对学生的体质健康产生促进作用。根据一些调查报告，从《纲要》实施后至今，经过十几年的教学改革，实际上仍然未能明显改善大学生们对体育的态度，对体育课的认同度与以前相比也无明显提高，但体质的一些指标尤其是力量与耐力指标却连续下降。因此，如何改革体育教学模式与方法手段，使学生不仅能对体育运动产生兴趣，又能保证在体育运动中得到科学的锻炼，提高他们的体质健康水平，是需要高校体育教师不断反思和探索的问题。

（三）体育教学评价改革未见实际成效

教学评价是体育教学的一个重要环节。教学评价的目的是促进教学质量的提高，通过评价及时了解教学的效果，发现存在的问题并及时反馈和调节，让学生通过评价得到鼓舞和激励，从而激发和调动学生的积极性，促进学生身心得到全面发展。在过去相当长的一段时间里，体育教学评价是把评价的重心置于身体素质、运动技能和体育知识的考核上，忽视了其他教学目标全面达成的评价，尤其是对体育意识、情感、态度以及合作精神等非体力、智力因素目标达成的评价。这种评价的特点使评价的内容单一，重终结性评价、轻过程性评价，重他人评价、轻自我评价。体育教学评价的偏颇严重挫伤了一部分学生体育学习的积极性，尤其是对一部分体质较弱的学生，他们经过极大的努力仍无法"达标"，由此对体育产生厌恶和惧怕，丧失了学习的信心。这种评价无法对体育教学过程进行及时反馈调整，不利于教师改进教学、提高教学质量，也不利于激励学生学习。

针对以往体育教学评价存在的问题，老师们开始重视评价的全面性，注重把体现情感目标的有关内容纳入体育学习评价之中；体育教学评价开始逐步从单一的终结性评价向过程性评价和终结性评价相结合的方向发展，并强调过程性评价；逐渐重视个体评价，淡化一般标准评价，主张以个人的进步程度来评价学生的体育学习。以上这些改革的思路与做法，都是从激发学生学习锻炼的主动性、积极性方面着手，从有利于综合提高学生的全面素质，形成终身体育的意识、能力和习惯，是为终身体育打下基础的角度考虑的，并努力使评价具有诊断、反馈、激励、教育的功能。高校体育教学指导纲要发布后，广大高校体育教师根据以上评价理念，在教学实践中对评价进行了改革，并进行了一些有益的探索和改变。不过，从目前的实际情况来看，多数的改革只是流于形式，一些评价改革、评价方案的内容与程序过于复杂化，难以被广大体育教师所接受，改革的实际成效有限。教学评价改革与教师和学生的观念关系密切，由于受传统体育考试做法的影响，相当一部分体育教师仍然摆脱不了原有的评价观念和习惯做法。一些调查研究表明，仍然有相当多的老师习惯于把量化的各种终结指标作为评价的主要内容，使教学与这些指标形成一种密切的关系，这些指标无形中成为教师教和学生学的指挥棒，成为体育教学的行为导向。这势必造成仍然有很多学生喜欢体育却不喜欢体育课，喜欢体育课却害怕体育考试的尴尬局面。由于领导和老师仍普遍认为这种把高度、远度、力量、速度等运动成绩以"量化"的形式表现作为学生体育成绩评价的尺度，可使评价比较客观和便于操作，因此目前全国很多高校仍然一直在沿用它。

体育教学评价是体育教学的导向，体育教师教什么和怎么教，学生学什么和怎么学总是围绕着评价进行的。目前，我国高校体育教学评价虽然经过多年的努力探索有了一定的进展，但却未能彻底改变原有存在的问题，未能起到有力地推动教师正确的教和学生正确的学，未能真正起到促进体育课程目标全面达成。这一问题应引起高校体育教师的重视。虽然教学评价改革较复杂、难度很大，但必须坚持继续该项改革的探索和改变，使教学评价真正起到促进学生体育兴趣和习惯的形成，掌握必要的体育知识技能，提高他们终身体育的能力，实现增强学生体质的最终目的。

第三节　现代生活方式与健康

人的生活方式是由一定的社会生活条件和环境决定的，因此不同历史时期的生活方式是不一样的。一个人的生活方式还依个体的性格和行为选择的不同而不同，具有个性色彩，还受到每个人的生活状况、社会能力、文化教养等具体条件的影响。改革开放后，我国人民的生活方式发生了深刻的变化，尤其是当代大学生这一时代特征鲜明的群体，他们生活方式的变化更具有时代的新特点，是当今社会生活典型的反映。

一、生活方式诠释

（一）生活方式

现代人的生活内容多样丰富并充满个性化，每个人都有自己熟悉和喜欢的生活习惯。生活方式是每个人较为稳定而带有个性化的生活模式，是每个人在每天的生活中的一种相对固定的行为模式。生活方式的内容广泛而丰富，包括日常生活中的衣、食、住、行、劳动工作、起居休息、休闲娱乐、社会交往等物质生活，也包括价值观、道德观、审美观，以及与这些方式相关的精神生活。生活方式的形成受个人的性格喜好、价值观念等影响，也受一定历史时期的社会环境和自然环境影响，由于政治、经济、文化、教育以及性格的差异，世界上每个民族、阶级和社会群体都有自己的生活方式。生活方式是人类社会构成的一个不可缺少的要素，影响着一个人的发展，也影响着社会的方方面面。因此，关于生活方式的研究已经成为大家关注的课题。改革开放以来，随着我国经济和社会的快速发展和转型，人民的生活方式发生了很大变化，因此关于生活方式的研究同样受到国内学者的重视。

现代医学的诸多研究都表明，生活方式与健康紧密相关。影响人健康的因素是多方面的，其中最主要的是生活方式、社会环境、医疗、气候等，世界卫生组织根据统计数据对影响健康的主要因素做过总结，认为今天的生活方式已成为影响人类健康的最主要因素，人类 60％的疾病是不良生活行为所造成的。如今困扰人类的现代文明病，如肥胖症、糖尿病、高血压病、冠心病、癌症，以及精神性疾病等均与生活方式有着密切的关系。当前，现代文明病有趋于年轻化的趋势，已经对大学生这一群体造成威胁，造成这一现象的原因主要是不健康的生活方式，因此大学生要健康就必须养成良好的生活方式。

（二）生活方式的结构

1. 生活的基本条件

任何一种生活方式都需要有其形成的基本前提，它包括自然环境和社会环境两个方面。人们的生活方式总是在一定的自然环境中形成的，而世界上各地域的自然条件差异很大，在不同的自然条件下必然会形成不同的生活方式。但是，人与动物不同，人有主观能动性，能主动地适应自然，能不断地利用、改造自然，以利于人类更好地生存和发展。人具有自然和社会两重性，因此人的生活方式还取决于社会环境。社会环境包括宏观和微观两部分。宏观社会环境包括生产力发展水平、生产关系与社会关系的性质、社会结构的特点以及政治、法律、文化教育、道德规范、民族传统等。微观社会环境包括人们具体的劳动条件、收入状况、消费水平、教育程度等现实生活中的基本状况。由于每个人所面临的微观社会环境各不相同，所以不同个体的生活方式差异是很大的。

2. 主体的价值观

这里所指的主体可以是个人，也可以是多人组成的群体。主体的社会意识形态要素、社会心理要素以及个人心理等影响其生活方式的形成，但对生活方式起最重要影响作用的则是主体的价值观。因为价值观是生活活动的主要动因，是主体意识上的全面表现，它规定着、支配着生活方式的选择方向和活动性质。

生活方式实际上就是主体在一定价值观支配下的行为方式。这一点告诉高校体育教师，在研究当代大学生的生活方式时，必须考察当代大学生价值观的状况。

3. 稳定的行为方式

观察一个人的生活方式能从具体的较为稳定的行为方式的表现而得到规律，生活方式实际上是由人们的种种行为模式构成的。因此，人们的生活方式具有可见性和现实性。个人、群体、社会的生活方式如何，是根据日常表现出来的生活行为方式来判断的。大学生是一个特殊的群体，他们的生活方式如何，也需要通过他们日常的学习、消费、人际交往、情感，以及闲暇娱乐等一系列行为方式来判断。

（三）影响生活方式的主要因素

人的生活方式是动态变化和多样的，不同的历史时期和不同社会背景下的生活方式是不同的。每个人都可以根据自己的实际情况选择生活方式，但无论是什么样的生活方式，除了个人因素外，还要受一些自然与社会因素的制约。

1. 自然环境影响生活方式

我国地域辽阔，东西南北中各地在气候、自然环境等方面差异很大，在不同地理、气候条件下生活的人们，他们在衣、食、住、行方式上必然存在较大差异。例如，北方天气寒冷且干燥，而南方则气候炎热且潮湿，因此南北方人在穿衣、住房、饮食等方面就存在很大差别；草原游牧民族的饮食主要以牛羊肉和乳制品为主，而海边渔民饮食则以鱼虾海产为家常便饭。人们总是生活在不同地域，不同地域的气候地理环境必然会影响他们的生活方式。

2. 生产方式影响生活方式

人类的生活需要生活资料，而生活资料的获取则需要靠生产活动，是生产活动创造了生活的基本条件，无论是人类的物质生活还是精神生活都需要自己创造性的生产提供。人类生产力的不断发展，必然导致生产方式的不断变化。从广义上说，生产方式本身也是一种方式，而生产方式又会对日常的生活方式产生重要的影响。例如，当今社会已经进入知识经济时代，它的生产方式发生了明显的变化，从事脑力劳动的人的比例大大提高，更多的人整天坐在电脑前工作，这种工作方式必然导致从业者发生很大的变化。由于生产方式的不同，造成了生活方式的差异。可以说，生活方式与生产方式关系密切，对生活方式起到重要的影响作用。

3. 经济基础影响生活方式

人们的生活总是以经济为基础的，经济状况决定一个人的生活水平、消费水平，影响到对生活方式的选择。随着经济的快速发展和现代化、城市化水平的不断提高，特别是知识经济的到来，现代生活方式必然要取代传统的生活方式。当今的生活方式已由单纯的物质满足转向社会和精神的满足。

4. 文化背景影响生活方式

文化是社会存在的一个重要要素。不同文化背景的人其价值取向可能不尽相同，这必然影响到他们对生活的态度，影响到他们的情趣、爱好、行为方式等，造成他们在生活习惯、风度、气度上的差异。世界上的文化多姿多彩，不同的文化传统使世界各国和不同民族人民的生活方式各不相同，出现了个性更加突出的不同的生活风格。因此，文化传统对人们的生活方式产生了深刻的影响。

（四）现代生活方式

人类进入现代社会后，生产力的极大发展促进生产方式发生了前所未有的变化。现代生活方式具有时代的气息，具有追求精神消费、共生性、个体性、多样性等特点。由于强大的生产力给现代人提供了充足的物质生活，因此现代人在基本满足物质享受的基础上，更加追求精神愉悦和生活的品位，但同时不可避免地也带来了前所未有的健康隐患。机械化、电气化、信息化文明使人类摆脱了千百年来繁重的体力劳动，但也造成了人类生物结构和机能的退化；日益丰富和精致的食品供给，改变了人们的饮食结构，更多的美味佳肴使人们吃得更多更好，造成了体内物质与能量的堆积；现代社会的竞争更加激烈，工作压力和生活压力更大，工作和生活节奏加快，给人们造成了不断加大的心理压力，使不少人出现心理障碍甚至患上精神性疾病；在生产力和科技快速发展的时代里，也出现了不少负面现象，如情感冷漠浮躁、环境污染、生态失衡、城市拥挤等，这些负面现象都对现代人的生活产生不良影响，对人们的健康产生危害。

（五）现代生活方式的基本特征

生产力极大提高、科学技术高度发达是现代社会的突出特征。在生产力和科学技术快速发展的推动下，当今社会文明程度不断提高，物质空前丰富，人们的生活更加舒适。现代社会的这些变化必然影响到现代人的生活方式，于是现代社会新的生活方式便逐步形成。现代生活方式具有以下几个基本特征。

1. 生活节奏快

当前，我国已经全面进入了市场经济。市场经济的最大特点就是处处充满竞争。为了适应激烈的市场竞争而不被社会淘汰，人们不得不做出更大的努力，人们不得不拼命地学习和工作，生活压力也越来越大，在各种强大的压力之下，日常生活的节奏自然就变得越来越快。

2. 学习成为生活的主要内容

当今，人类已经逐步进入知识经济时代。知识经济是以信息、知识、智力为支撑的经济形态，在这种经济形态中人们财富的创造与获取取决于信息、知识和智力。当今知识信息更新的速度很快，为了不断获得新的知识，学习成为现代人一生的生活内容。

3. 余暇时间逐渐增多

随着人类生产力的高度发展和科学技术的不断进步，现代化、自动化的生产流水线不但使人们摆脱了繁重的体力劳动，而且还极大地提高了生产效率，因此人们的劳动时间在不断缩短。另外，各种智能化的家用电器使人们从繁重的家务劳动中解脱出来，于是人们工作、劳动的时间越来越短，休闲娱乐的时间越来越长，这就为现代人参加丰富的休闲娱乐活动提供了更多的时间，运动、休闲、娱乐成为现代人不可缺少的生活内容。

4. 网络成为第二生活空间

在现代社会中，信息技术高度发达，互联网进入了千家万户，上网成了大多数人生活中的一项重要内容。今天，人数众多的"网民"每天要花数小时上网，电脑、手机平台为人们提供海量信息，人们可以从网络上获取各种各样的信息，而且可以在网上工作、学习、购物、聊天、游戏、交友、谈恋爱等，这使每个人的生活空间极大地扩展，因此网络成了现代人生活的第二空间。

5. 追求环保绿色生活

在现代人大力发展生产力的同时，也付出了沉痛的代价，这个代价就是能源过度开采使用、环境遭污染、生态遭破坏，其严重程度足以威胁到人类的生存。发展过后，人类痛定思痛，环保和生态平衡得到了全球的普遍重视，环境革命和可持续发展战略在全球范围内兴起。生产力发展方式的改变对生活方式产生了直接的影响，其中人们消费方式受到的影响最大。消费方式的改变主要表现在三个方面：一是为保证消费与资源相适应和社会的协调发展，坚持可持续消费，消费行为更加理性；二是追求绿色消费，无公害食品、绿色食品等有绿色环保标志的产品备受青睐；三是重视生活环境，优美的生态环境成为人们居住的首选地。

6. 追求精神生活质量的提高

人生活在物质世界和精神世界之中，人的生活包括物质生活和精神生活两个方面，现代生活方式既要满足物质需要，又要满足精神文化需求。物质生活和精神生活是一个相互联系的统一体，二者缺一不可。物质生活资料是人生存生活的前提，人的精神生活需要有一定的物质作为基础。在现代社会，由于生产力的高度发达，生产出来的物质产品空前丰富，物质消费基本上得到满足。在物质生活基本得到满足之后，人们进而追求更高品味的精神生活，如参与体育运动、旅游和各种休闲、娱乐活动，学习琴棋书画以及文物收藏等，并在物质生活消费中体现出文化品位。

二、当代大学生生活方式的特点

改革开放后，我国的政治、经济、文化、教育等发生了深刻的变化，这些变化促使人们的生活方式发生了一系列新的变化。大学生是对社会生活的变动和变革感觉最为敏感、反映最为迅速的一部分青年人，社会生活方式的变化，必将在他们身上反映出来。当代大学生观察、分析和处理问题的角度和方法与传统文化有较大的差异，他们的幸福观、社会观、价值观、事业观、恋爱观、时间观、职业观等都与传统的观念有所不同，因此大学生的生活方式在现代社会背景下表现出一系列新的变化。

（一）学习方式的自主性

大学生最重要的任务就是学习，因此学习实际上是他们在校期间的主要生活内容。为了跟上时代发展的步伐，大学生需要不断完善自己的知识结构，把视野扩大到广泛的学科领域，不但要学好本专业的课程，而且还要大量地获取新学科的知识，接受各方面的新信息。当今大学的学习途径与机会很多，学习的制度也较为灵活，学习方式、地点、环境的自主性更强，选择的余地更大。在很多大学里，不少课程是全校打通的，学生可以根据自己的需要和喜好跨专业学习课程；大学中经常会有各种学术讲座和交流活动，这些讲座和学术活动都会成为他们生活的一个主要内容。大学生为了使自己获得更多知识和增长才能的机会，还充分利用课外、业余和假期时间，把这些时间变为自己"第二课堂"的学习时间，利用这些机会进行社会调查、业余科研、学术交流、咨询服务、知识讲座等各种活动。这些活动形式多样，内容丰富，得到社会和学生的普遍欢迎。

随着社会的快速发展，社会企业对人才高规格的要求越来越高，与此同时，大学生就业的压力也越来越大。为了适应这种新的形势，近年来大学生中还出现了报考研究生的热潮，在校大学生报考研究生的人数逐年增多。如今，相当一部分大学生从入学开始，就把考研究生定为努力的目标，始终围绕这一目标来安排自己四年本科学习的时间。考研的热潮正在改变相当一部分大学生学习和活动的重心，也在影响他们的生活方式。

（二）社会活动方式多样性和开放性

随着社会的进步与发展，国民的热情和活力被充分释放出来，人们的社会生活内容越来越丰富。这种变化在大学校园里表现得更为突出，大学生的社会活动方式发生了显著的变化。在大学校园中兴起了各种各样的社团，吸引了众多大学生参加，极大地丰富了大学生的社会生活。如今，高校自发组织的学生社团很多，其中有传统组织的学生会和各种研会，有各专业的学术沙龙，有各种文艺、体育的业余爱好社团，等等。高校大学生中众多社团组织的出现，为他们提供了一个学习和社会实践的舞台，成为当今高校培养人才的一个重要途径，参加社团活动成为当今大学生的主要生活方式。

（三）社交网络是大学生交往的重要手段

人际关系是社会的产物，关系是人的必需品，人与人之间的交往是不可缺少的。大学生思想活跃，是社会上最需要交往的群体。绝大多数大学生在校园中都能主动寻找各种各样的机会进行人际交往，注重维护好不同的人际关系。通过人际关系交往，他们找到归属感，情感得到互补和满足。今天，随着网络在大学生中的普及，互联网逐渐成了当代大学生交往的一个广阔的空间，多数大学生都把网络作为结交朋友、沟通思想、宣泄情绪的渠道。大学生每天都要花大量的时间上网，利用 QQ、微博、微信等各种手段在网络上与网友交流。交往空间的扩大使大学生的交往不再局限于学生群体之间。现在的大学生日益重视交往和信息的作用，通过各种途径培养自己的交往意识和信息观念，日益扩大自己的社交圈。当代大学生与不同职业、不同年龄的人，师生之间、跨地区之间的交往已越来越普遍。交往群体的多样化使大学生汲取了越来越丰富的知识信息，使他们在广泛的交往中找到更多的朋友，获得来自各方面丰富的信息。

（四）交往的功利性明显

人才的市场化使大学生面临的就业竞争日益激烈，成为当今大学生最关心的问题，这肯定会在他们的交往行为中有所反映，具体表现在他们交往方式的功利性、社会性日益明显。为了能适应人才市场化的要求，多数大学生能根据市场的需求，做好自己的职业规划，主动调整自身的知识结构，提高自身的综合素质。但客观事实告诉高校体育教师，以市场为导向的就业机制，必然会使大学生的学习和交往活动带有强烈的现实性和功利性。高校体育教师可以看到，不少学生学会利用人际关系为自己谋求各种利益，利用各种社会关系为自己谋取就业机会。

（五）追求娱乐享受的生活方式

在社会上追求娱乐享受的风气的影响下，大学生中娱乐享受的倾向较为明显。今天几乎所有高校周边都有餐馆、酒吧、网吧、咖啡馆、KTV、台球馆等饮食娱乐场所，这些场所的常客就是附近的大学生。如今的大学生性观念较为开放，谈情说爱成为大学生中的普遍现象，而且婚前性行为发生率较高。大学生的生活方式出现的这些变化，其实也是正常的。大学生对新事物是最敏感的，社会变迁对人们的思维方式、生活方式产生影响，这种影响必然会在他们身上体现出来。应该说，适当的娱乐享受是人的正常需要，但是要有个度，对于正在求学的大学生，如果过分追求娱乐享受，对于他们的发展是不利的。

三、良好的生活方式促进身心健康

现代社会转型的社会文化对大学生生活方式产生了重要的影响，其中有正面的影响，亦有负面的影响。为了自身体质得到健康的发展，大学生应当克服一些负面影响，逐步养成良好的生活习惯。

(一) 良好的饮食习惯

大学生正处于生长发育的最后阶段，需要吸收全面的营养与足够的能量，营养和能量是大学生长身体的物质基础。营养是人生命的基础，而饮食就是人体所需要的营养物质的来源。合理的营养意味着机体能够摄入保证身体健康所必需的营养成分，能促进生长发育，增强体能。营养状况与人的身心健康密切相关。倘若营养不良或摄取过多，都将会损害人体的健康，可能导致贫血、肥胖症、高脂血症、脂肪肝、糖尿病、心血管疾病、痛风等疾病。因此，大学生的饮食应当科学，只有在科学平衡膳食，保证合理营养供给量的情况下，才能使大学生健康成长。膳食平衡包括需求的总热量和蛋白质、脂肪、碳水化合物等热量来源比例的平衡，以及各种营养成分与生理需要的平衡。要做到膳食平衡，就需要知道营养平衡的基本知识，并养成良好的饮食习惯。

(二) 积极参加体育运动

体育运动是现代社会推崇的一种健康的生活方式，通过体育运动，高校体育可以促使大学生追求生命质量和生活意义。体育运动可以培养健康行为习惯，逐步改变不良生活习惯，预防多种疾病的发生。经常参加体育运动不仅可以预防肥胖症，而且可以提高心脏的储备功能，增加血管弹性；增加肺活量，改善肺功能；提高消化吸收能力；增加运动系统功能；体育运动是快速生活节奏的心理调节器，体育运动可以舒缓现代社会竞争给人们来的压力，稳定神经系统功能，提高对刺激的耐受性，保持心理健康；体育运动可以为大学生提供丰富、健康的休闲娱乐方式，充实他们的生活空间，使大学生的生活丰富多彩、精神生活空间宽阔。

总之，大量的研究证明，适度的体育运动可以增强大学生的体质，防病治病。大学生的学习任务繁重，以脑力劳动为主，更需要经常参加体育锻炼。但是，当今大学生体力活动普遍不足，普遍存在"运动不足综合征"，这将对他们的体质健康产生严重影响。因此，大学生应当经常主动自觉地参加有规律的体育锻炼，使之成为自己的一种良好的生活习惯。

（三）积极参与健康的人际交往活动

人的社会性和人际关系的必要性决定了人需要人际交往。人们通过交往活动进行合作生产活动，通过交往得到社会化的人际交往知识和能力，通过交往交流思想和感情，通过交往调节精神、陶冶情操，通过交往获得更多的社会支持。一个人在良好的人际环境中可获得安全感和愉悦的心情，有益于身心健康。大学生是社会中最活跃的群体，大学校园又是年轻人聚集的地方，人际交往是大学生生活的重要内容之一。诸多的研究结果都证明，经常参加健康的人际交往活动，不仅可以获得更多的人脉资源，而且可以让大学生获得更多精神上的支持，有利于他们增强自信心和主观幸福感，使他们更加阳光和积极向上，这些都有利于他们健康成长。因此，大学生在校期间应当主动参与各种交往活动，不仅要与同学交往，还要争取机会主动与老师、领导、工作人员、职工等交往。

（四）合理的休息与睡眠

人们通过积极主动的休息，可使机体各个部位的活动及大脑皮层的兴奋与抑制过程进行协调，使身体和精神都得到休息和调整。人们还可以在闲暇时间休息，即利用工作之余根据个人兴趣爱好进行有益活动，不但能消除疲劳，而且能使人感到生活充实，精神愉悦，同时还能促进人的思维，激发创造力，陶冶情操，消除消极的心理因素，促进身心健康。

睡眠是人体最彻底的休息，睡眠也是人生命活动的重要组成部分。在每一天的生活中，人的生活是呈周期性的，睡眠、进食、工作、休闲等，基本上都有一定的顺序，而这些顺序是由机体生理上的运作机制所决定的。睡眠与人的许多活动密切相关，适当优质的睡眠不仅能消除疲劳，而且能增加机体对各种紧张刺激的耐受程度，增进食欲，加速排泄，维持机体内环境的平衡，提高对各种疾病的抵抗力。

为了保证体质健康，大学生还应当杜绝其他一些不良的行为生活习惯，如吸烟、酗酒、熬夜、沉迷网络以及手机游戏等。

第二章　高校体育课程与科学教学

"摸着石头过河"曾经是我国经济建设和社会发展的重要经验之一。不过，"摸着石头过河"并非永恒不变的定律，当我国社会主义事业发展到一定阶段的同时，"科学发展观"便应运而生。基础教育体育课程模式的改革不可能是一蹴而就的事情，其价值取向和课程理念变革深远，课程管理与课程实践变革很大，对体育教师专业发展的要求提高，是新中国历次体育课程改革所不能相比的。仅凭"摸着石头过河"的做法，很难想象基础教育体育课程改革的愿景能够得到真切的实现，也很难将"健康第一"的指导思想得以真正的落实。于是加强体育课程实施，特别是体育课程实施模式的研究，成为引领我国体育课程改革的必然要求。

第一节　课程与教学目标的规范

教学目标是教学活动实施的方向的前提和预期达成的结果的标准，是一切教学活动的出发点和最终归宿。自有体育教学之始，体育教学目标便不可避免地成为体育课程与教学领域重点研讨的问题。体育课程的性质究竟是文化传承还是育人？体育教学目标应该多元化还是单一化？体育教学目标应不应该有核心目标？体育教学的核心目标是什么？大中小学体育教学目标如何实现有效衔接？这些问题我们都会有所讨论。

一、关于体育课程核心目标与多元目标

（一）体育课程的核心目标是什么

1. 课程核心目标的概念

课程的多元化发展是目前教育模式的发展趋势，也是现在教育模式的主流。以往的教育课程形式较为单一，缺乏创新力和生命力，更多的教育学者意识到必须实行课程创新，实现课程模式的多元化，才能在教育中更好地促进科学教学目

标的达成，并实现科学学科教学效果的最优化。在多元价值课程模式中必须具备一种教育处于主要地位的价值，当核心价值作为目标中的主要地位，那么教师在教学活动中就应该以核心价值作为中心思想进行教育发展目标。

2. 体育课程的核心目标是什么

确定体育课程的核心目标是将体育课程的基本概念与最终目标相结合，以此来确定核心目标，核心目标就是通过合理的体育教育和科学的体育锻炼与学生的身体健康相结合。

（二）体育课程核心目标与多元目标的关系

1. 体育课程核心目标与多元目标的关系

我们要正确地处理体育课程核心目标与多元目标之间的关系，体育课程作为课程核心目标，应该在教育中处于主体地位，这是实现多元目标的途径与载体，也是教学活动的基础。作为多元目标的主体地位，实现了体育课程的核心目标，才能更好地实现教学活动的多元目标发展。

2. 体育课程目标泛化和均衡化引发的问题

单一的体育课程目标泛化势必会引起其他课程教育的滞后，这样的发展趋势不符合教育发展的目标，这就要求各类课程均衡发展，全面开花。体育课程中除了合理的体育教育和科学的体育锻炼外，还应该从多方面去关注学生的其他兴趣特长，关注学生的情感、态度、价值观等。课程目标是向多元化发展，这关系我国未来体育课程发展的趋势和目标，均衡化的发展才能实现教学的公平，创造理想和谐的教育环境。在体育教学中，我们要重视体育教学目的，实现多元化的发展，为体育教师提供多元价值的教学平台，提高学生的能力和整体素质，实现均衡发展。教师不能单一地强调某个领域目标，从而弱化其他领域，主次不分，导致核心目标被弱化，这样也不利于体育课程目标泛化和均衡化发展。我们要转变体育教学观念，摆脱旧的思维模式，从新的理念出发，做到与时俱进，实现单一化向多元化的演变。

二、体育课程目标分析

课程目标与教学目标作为两种不同的教学理念，在体育课程教学中有着不同的侧重点。作为不同的教育术语，"课程目标"强调的是教育意图，概念较为抽象，而"教学目标"概念则较为具体，主要强调的是对细节上的要求。

传统的教学论概念系统中包括两组概念：一组是"教学"概念，如"教学目标"相关的概念，包括教学计划、学科、教学大纲与教科书。这套概念系统以"教学"为核心，把"课程"理解为规范性的教学内容，而这种规范性的教学内容是按学科编制的，故把"课程"界定为"各门学科的总和"，亦把某一学科称为"课程"，如"语文课程""数学课程""体育课程"等。这是近代开始形成的教学论概念系统中的"课程"概念，也是我国至今仍广泛使用的"课程"概念。所以，有人把体育课程目标和体育教学目标理解为上下层级的关系也就不足为奇了。

存在于实际教学与学习活动中的教学论概念系统，是课程活动运行体制在课程行政集权制度中的具体表现。教科书、教学计划、教学大纲都是由政府部门进行编订与审核，教师除了其直接的教学过程外，能做的也就只有忠诚地执行教育大纲的规定了。教师没有更改课程的权利，甚至都不用考虑课程的问题，这就表示"课程"与教师之间没有太大关系，都是相关政府部门和某些专家所关注的事。教学是教师唯一的任务，而学校的任务也仅仅局限于检查日常的教学，安排一下每周的课表，然后分配教师工作等，至于如何编订教材、教材该选取什么内容，貌似都和老师与校长无关。20世纪初，针对这种传统课程日渐明显的弊端，国际教育理论界狠狠地抨击了这种传统的课程体制。一些新的课程形式出现在某些英语国家中，例如"儿童中心"的"活动课程"（或"经验课程"），稍后"社会中心"出现的"核心课程"等，都是与"学科课程"不同的新的课程形态，"课程论概念系统"也就在这些新课程的基础上慢慢地形成了。

在课程论概念这个新的系统中，教学内容是"课程"内容的一部分，书本知识又是教学内容的一部分，学科课程又仅仅只是课程形态的一种。这说明课程论概念系统和教学论概念系统中对"课程"的定义是截然不同的；课程论概念系统包含了"课程目标""课程体制""课程评价""课程标准""课程编制""课程机制""课程指导"等基本概念，为日后"课程论"的形成埋下了伏笔。20世纪80年代开始，为了使课程更加完善，很多新的课程理念形成，又产生了许多新的课程概念。如课程"过程模式"，是为了便于区分课程活动运行机制方面的"目标模式"而提出的；又如"校本课程"概念，主要是针对课程体制中的关于怎样分配学校与政府的课程行政权力问题提出的；针对长期以来教师被屏蔽在课程之外的情况，提出了"教师参与课程开发""教师应作为教育研究者"等口号，驱动着课程概念系统向着更加完善的方向前行。

在一定的时期内，一个国家的教育实践不能使用两种或两种以上的概念系统来表达。"课程论"概念系统多被英语系国家采用，而"教学论"概念系统在法语、德语、俄语系的欧洲大陆国家被广泛使用。不论是巴班斯基的《教育学》，还是凯洛夫的《教育学》，"课程"概念都不曾出现，但这并不意味着当时的苏联没有"课程设置"，他们只不过是用"教学内容"来代替了"课程"，像在加拿大、美国等的北美洲国家，"课程"的概念应用得比较普遍，当然这也并不意味着北美国家根本不存在"教学论"这个概念，或者是他们对教学理论研究的忽视，他们也只是用"课程的实施"代替了"教学"而已。

目前，体育实践教学中的"教学论"与"教学内容"意义上采用"课程"的两种概念在中国处于比较混淆的状态，体育作为我国可持续发展战略的重要组成部分，在我国国情中处于重要地位，但是在中国体育概念的不清楚，也导致了教学理论与概念的混乱，不利于我国体育教学的良好发展。这是我国以往的国情造成的，以前，我国在很多时候都是照抄苏联的模式，导致两种概念混乱不清，不够完善。在课程改革的过程中，传统的体育教学理论体制与体育课程的叠加，使得"体育教学目标"等同于"体育教学目的"，"体育教学计划"等同于"体育课程方案"，"体育教学大纲"等同于"体育课程标准"，这些概念都已经在体育教学过程中被混淆。

三、体育课的三项基本任务

体育课在学校教育中有着重要意义，首先体育课中的体能锻炼可以增强学生的体质，提高了学生的意志与毅力，同时还可以促进学生的身心健康发展，增强学生各方面的综合素质，在体育教学中学会团结协作。

（一）体育课的历史演进

我国体育课是在曲折中不断前进发展的，经历了复杂曲折的道路，才有了现在对体育教学的全新认识与实践工作。中国体育课程体系建立于近代，在建立的过程中也经历了一个漫长的时期。体育课开始于1903年的新式学堂中的"体操课"，并在1923年以后逐渐发展成了近代的学校体育。但当时的体育教学主要是以队列操练为训练内容，在随后的发展中才把竞技运动项目作为教学内容。

随着时代的发展变迁，体育教学运动内容也逐渐发生了变化，主要是以"锻炼身体、建设祖国和保卫祖国"为口号，其主要表现是"增强体质"和"技能传授"逐渐成为学校体育的主要目的，体育教学的改革促进了体育课程的蓬勃发展。1956 年时颁布的通用体育教学大纲成了体育教学在我国发展历程中的里程碑，推动了我国体育事业的发展，大纲的实施对我国体育的发展起到了重要的推动作用。但是到了 1958 年，由于当时的历史发展原因，国情中的浮夸风也影响到了我国的体育教学事业的发展，浮夸风的影响导致没有从实处落实体育教学的发展，而是片面地强调体育的高指标，没有强调体育的高质量，从而阻碍了体育的健康发展。在 19 世纪 60 年代时，根据实际现状的情况，对于经验教训的总结，重新修订了通用体育教学大纲，对于体育教学的目的进行了重新定义，明确提出了体育教学的目的在于提高学生的体质，第一次明确提出学校体育应从增强学生体质出发的指导思想，从而促进了体育教学质量的进一步提高，大纲的修订保证学校体育工作向着规范化、制度化、科学化的方向发展，在内容和结构中都进行了相应的修改，采取了一定的改革措施。

在十年内乱中，强调学校体育与军事训练合并，教学内容以军事训练为主，把体育课改为"军体课"，最后导致了取消体育课。

（二）体育课的三项基本任务

1976 年"四人帮"被粉碎之后，中央于 1977 年就明确指示，中国要有自己特色的通用教材，这部教材既要与我国实际国情相符，又要体现出整个世界现代化的科学技术水平。为了编出符合要求的体育教学大纲，发动全国的所有民众出谋献策，集思广益，收集了很多的意见。这些意见主要分为两种，第一种是应该把出现在现代竞技体育中所有的新的项目和技术都编入体育教学大纲中。第二种是通过使用科学的教学方法来使学生的体质加强，并以此来反映一个国家现代化科学技术的发展水平。第二种思想被新大纲定位为指导思想，并把锻炼身体、增强体质以及学习和掌握竞技方面的基础知识和技能三项作为学校教育最基本的任务，同时也要注重提高学生的思想道德品质。

新大纲的指导思想是增强学生的体质，为了贯彻这一点，提高身体素质的教材被独立出来，自成一体系，教材的选取必须以可对增强体质有直接作用为标准。在教学过程中，对于那些锻炼效果好同时锻炼方法又简单的内容，要做到每节课都练习，使体育课不再局限于"教"，而是把教、学、练三者结合起来，提出了每节课锻炼都应该保证适量的强度。基本活动能力的强弱和身体素质水平的高低将成为考核的内容。

高校体育教师十分重视体育课有效地直接锻炼身体、增强体质的任务。体育教学作为重要组成部分，除了在体育教学中锻炼学生的身体素质，还应该注重体育的知识技能，培养学生的各项体育认识。在以往的日常体育教学中，大多数都是比较注重学生的体育锻炼项目，其目的是提高学生的身体素质，在加强体育锻炼的过程中使得学生的整体素质水平得到提升。但是为了学生的全面发展，除了提高文化素质跟身体素质外，在体育教学中也应该认识学习体育知识，对体育教学有一个全面的了解。在体育教学中不仅仅只有体育锻炼，还应该包含体育运动技能，学生把握好运动技能，学以致用，通过运动技能来达到锻炼身体、强壮体魄的作用。在体育教学中，可以选择一些适合学生身心发展特点的运动项目作为教材，学生在运动项目中学习运动技能，在体育运动中把运动知识技能相结合，这样既方便了老师的教学，同时也在学习中锻炼了身体，增强了学生体质，达到教学目的。

学校所有科目的统一任务就是对学生进行思想、文化、道德以及审美等各方面的教育。体育课也必须根据本学科的特点和内容对学生进行思想道德方面的教育，这也是所有课程都必须做到的。由于各学科的特点各不相同，所以教育的方法也各不相同。体育课与其他学科的区别较大，体育课主要是通过指导和调整学生的动作，来进行一般性或者针对性的教育，而其他学科的教育基本上都是采用讲述、计算、阅读、书写等方式来进行的。学生在体育的教学过程中，基本都是处于运动中的状态，这样就有很多机会观测到学生的道德和意志的行为表现，就向学生进行实际实践教育方面来说，体育是绝对占优势的。所以，体育教学不能只局限于锻炼身体、增强体质和教授体育理论知识，还应加强学生的思想教育工作，积极利用并发挥体育课的优势，不断完善体育教育事业。

体育教育的三项基本任务是一个密不可分的整体，任何一个整体内的因子，随着事物的发展都是此消彼长的。受具体情况、实际条件和授课类型等方面的差异，偶尔的一次或者几次体育课的具体内容的侧重点是可以有所不同的。如果是长期、整体又全面的教学过程，体育教学则要以直接地锻炼身体和增强体质为出发点，来尽可能完美地完成教学任务。在教学过程中，还应认真施教，确保学生能够顺利掌握基本的体育知识技能。唯知识技能论认为，体育知识技能的教学是没有必要的，这种观点是不正确的。如果将体育知识技能的教学狭隘地理解为运动技术的教学，也是不正确的。体育知识技能的教学应该还包括并且注重培养学生掌握身体锻炼的知识和技能。这样，即使没有老师或者教练的指导，学生一样可以科学地锻炼。对学生进行思想素质方面的教育，能为学生解答为什么要进行体育锻炼的疑惑，从而使学生可以积极进行体育锻炼。让学生具有较高的思想道德水平，是体育教育系统必须持续进行的工作。

四、体育教学目标对接

一层分析，几层思辨，高校体育教师越发感到体育教学目标体系的改革更新势在必行。首先要改革的是"增强体质、传习三基、思想教育"这个三点论。三点论泛化了"目标"，其本身也不具备"目标"的性质，没有明确的指向性和特定的行动约束性。与三点论或多元论相反，"目标"应是一点论，在每一个层次上每一时期内，只能设立一个目标。当然这个目标也应得到简捷清晰的表述，才能使之具有"箭靶中心"的聚焦意义。其次要改变类似"增强体质""传习三基""思想教育"这样的目标用语。这些术语有的涵盖宽泛，有的词义不当，有的无法进行阶段检验，显然不适于用作表述"目标"的符号。

对于"多目标"的提法，高校体育教师也有异议。多目标的"多"是指多层次还是多指向呢？如果是指多层次，那么对目标的讨论已经超出体育教学这个层次，当然，为了更清楚地认识体育教学目标的定位关系及特点，把目光投射到本系统之外，也是非常必要的。如果"多目标"意味着体育教学的多指向，那就成问题了。实际上又转回到三点论目标模式上去了。目前一些关于体育教学"总目标"和"分目标"或"具体目标"的提法，实际上就是赋予"目标"以"多指向"的特点。

学校教育系统和国家体育系统都有层次之分。作为两大系统之间的交叉子系统——学校体育与其上位系统之间有着怎样一种相关是正确地提出体育教学的目标之前必须认真回答的问题。

根据目标层次衔接的设想，学校体育应从体育素养方面体现"大批造就有德行有知识有健康的学生"这一学校教育目标的要求；学校体育也应从体育素养方面加固"尽快建成世界级体育发达国"这一国家体育目标的依托。为此，现阶段我国学校体育的基本目标应是"普遍提高学生的体育素养"。

体育素养，指的是以运动技术为基础的操作性知识水平及实践成果。只有普遍提高了学生的体育素养，才能有效地配合实现学校教育的目标；也只有普遍提高了学生的体育素养，才能切实地扩大竞技体育的选材面，并为全民健身体育奠定基础。

学校体育的基本组织形式是体育课，体育课教学系统是学校体育系统的子系统。子系统应与母系统协调运作，其系统目标之间也应有层次衔接的关系。对应于学校体育"普遍提高学生的体育素养"的目标，体育教学应当发挥自身的独特功能，将主要目标确定为"系统地传习运动技术"。运动技术即指体育操作性知识，这种知识既可以充分体现体育教学的健身性、竞技性、娱乐性等特点，其本身也是体育教学内容的主体成分。系统地传习运动技术，就是在具体地提高学生的体育素养。

第二节　体育教学改革的思考

一、教材研究的意义和过程

无论是大规模教材研究还是小规模教材研究都面临一个如何选择教材内容的问题。因为高校体育教师无法在有限的学时里全部教完所有的身体文化所包括的内容，甚至不可能教完大纲中所列的全部内容（必修和选修）和蕴藏在这些内容中的方方面面的教材因素（身体的、知识的、技能的、养成的，等等）。

因此，高校体育教师必须明确教材的意义。德国教育家认为教材和教材研究的意义在于"范例的精选"。主张学习不应是罗列式的、面面俱到式的，而应是选出最具有代表性的东西让学生进行彻底地学习，认识其本质，找到其中带有规律性的东西，并做到"举一反三"。美国的教育家也认为应以教材的基本概念和原理为线索，找到可以表明这些概念和原理的基本教材，使学生在学习之后得出的结论恰恰是理解这个概念或原理的最佳实例。这种对教材的选择和理解同没有重点的蜻蜓点水式的、为教技术而教技术的教材观形成了鲜明的对照。

二、体育学科内容依托于体育运动项目和方法

一般说来，一个学科的内容后面都有一个更为完整的理论体系并依托于它，如算术依托于数学、语文依托于语言学、物理依托于物理学，等等。依此来推体育科内容本应依托于体育学（或体育理论），但事实却不是如此。体育课中教的内容很少是体育学中的理论内容，而是教的运动项目中的技术和方法（这一点可能与同属技能型学科的音乐、美术具有共通性）。因为这一特征，体育课中的内容是以活动教材为主体的，而理论也多是上实践教材课的同时渗透在教学中的。这点与其他知识性学科有很大区别。

三、体育运动素材数量大且层次不清，　筛选教材困难

如前所述，其他学科背后有一个较完整的理论体系作依托，选择教材时用"某某年级必须教某某教材"和"某某年级只能教某某教材"相交叉，就可以选

择出某某年级的教材内容。但体育依托的是一个十分庞大的体育运动文化整体，而且大部分体育运动项目之间没有明显的递进关系（比如小学生可以踢足球或打排球，大学生也可踢足球或打排球）。那么"某某年级只能教某某教材"是比较难确定的。如果教学目标的不清晰再导致"某某年级必须教某某教材"也不清楚的话，那么在教材选择上就很难找到一个可靠的依据了。也很易在体育内容选择上产生盲目性、随意性或随它性（例如不是讨论应教学生什么而是考虑教师能教什么，有什么场地器材等现象）。当前困扰高校体育教师的教材重复和蜻蜓点水或效果差，一节课里多教材等问题，可能就与这一含混性有关。

四、同一素材里内含的教材因素很多

与前面所述体育学科目标的多方向性有关，在同一个运动素材中蕴藏着多种教材因素，如同样教单杠，根据教学组织者的教学目标和对教材理解的不同，可以用来发展身体（肌内力量）；也可以用来发展运动技能（支撑、悬垂等）；也能作为体育文化中的一部分（竞技体操）向学生讲授，使其理解运动文化的含义；更可以用单杠组成游戏让学生来玩，起到娱乐调心强身的作用；甚至可以用单杠来培养学生的意志品质和集体主义精神。换句话说，体育运动素材的"媒介性"很明显，使得一个教材的"多功能性"很强。

五、体育教材中很大一部分内容来自 "竞技"

这和其他学科内容有很大不同。"竞技"是以胜负排出优劣为目的、为特征的，但是作为教育则更多地强调"权利"和"平等"，反对差别教育。"竞技"的目的和教育目的如何处理则成为体育教育处理的难点。

第三节 体育课程实施的路径

一、课堂教学是体育课程实施的主阵地

毋庸置疑，课堂教学是体育课程实施的主要途径。在当前的教育背景下，课堂教学有着得天独厚的优势，因为体育课课时有保证、上课教师有保证、上课所

需场地器材基本有保证。不过，体育课堂教学的有效性亟须改进和提高。长期以来，我国体育课开设的时间跨度不可谓不长，教师的教学责任心不可谓不强，学生的学习热情不可谓不高，但体育课堂教学的效果不甚明显。因此，体育课程实施模式的研究要积极探索如何构建有效甚至高效的体育课堂教学模式。

在我国，体育课程贯穿了整个基础教育阶段，时间跨度之长，是其他学科难以比拟的。不过，高校体育教师不得不反思，高校体育教师的体育课程究竟带给了学生什么？高校体育教师的课堂教学究竟应该教会学生什么？高校体育教师的体育课到底有什么效果？有学者认为，基础教育体育课程改革中存在的主要问题是：①教学目标虚化；②教学内容泛化；③教学过程形式化；④教学评价和气化。[1] 有人将中小学体育课程与教学改革中一些教学的真实性和有效性缺失的问题归纳为：有些教师缺乏责任心，体育教学随意性加大；单纯迎合学生的兴趣需要，使得体育教学放任自流；淡化运动技能教学，使体育教学变了味；只求表面的热热闹闹；忽视体育教学的实践；借口关注个体差异，放弃了体育教学的基本要求；自主、合作、探究学习有形无实；情感、态度和价值观不能有效地融入整个教学之中。[2] 确实，在体育课程实施的过程中，教学目标不能不切实际，教学内容不能肤浅随意，教学过程不能重形式而轻实效，教学评价也不能搞一团和气，体育课堂教学的有效性必须受到高度关注。

二、课外体育活动是不可或缺的重要路径

在学校里，体育是一门学科，也是让同学们在进行理论知识学习时放松大脑的一种途径。然而这并不是唯一的活动方法。在课上体育老师引导学生进行体育活动，在课下学生更要积极地开展体育项目，强身健体，加强自身素质。在课上的体育教学，只是体育老师引导激发学生的运动方式和运动兴趣，更多的要在课下的自主运动中，仅仅 1 或 2 节课的体育是难以达到体育运动的目的的，所以更要提倡课下的体育活动。这样两种途径同时进行才会真正达到运动的目的。

《教育部办公厅关于在义务教育阶段中小学实施"体育、艺术 2+1 项目"的通知》（教体艺厅〔2011〕4 号）指出："各中小学校要充分利用大课间和课外活动时间，组织丰富多彩的校园文体活动，营造校园文体活动的良好环境，确保学生参加活动、展示才艺的时间。要围绕'体育、艺术 2+1 项目'组织开展对抗

---

① 　司云 . 中国学校体育研究会 2006 年度理事学术年会在江南大学召开 [J] . 中国学校体育，2007（2）.
② 　伯朝文 . 关注体育课程改革中教学的真实性与有效性 [J] . 中国学校体育，2006（7）.

赛、挑战赛、才艺展演、作品展示等多种形式的群体性校园文体活动，充分发挥体育竞赛和艺术展演的激励作用。广泛组织各种文体兴趣活动小组，定期组织校园体育节、艺术节等活动，为学生参加文体活动搭建平台，让每个学生都成为'体育、艺术2＋1项目'的受益者。"教育部倡导并推广的大课间体育活动打破了传统的课间操活动形式，有助于学生体能水平的提高和终身体育能力的培养，有助于加强师生之间、学生之间的交往，有助于人际交往能力的培养。大课间体育活动形式多样，活动内容丰富多彩，能起到体育课无法取代的作用，值得大力提倡，需要探索行之有效的实施模式。

第三章 体育教学方法的运用与变革

教学方法是为完成教学任务而采用的办法，是教学活动有效运行的关键要素。本章主要阐述体育教学方法的问题与变革、体育教学方法体系的建构与辨析、体育学习方法的选择与运用。

第一节 体育教学方法的问题与变革

众所周知，在过去历史的影响下，高校体育教师只做教师教学的方法研究，很少做学生学习方法的研究。当今时代的发展促使教学方法的研究打破了这一弊端，把教推向了学，指出没有教法的转变就没有学生的转变，没有学法的发展就没有学生的发展。新课程实践证明，教法与学法的有效性制约着体育新课程功能的实现。基于此，本章对其驻足与研究，梳理与揭示体育教与学方法产生的机理，摸清其发生的机制，寻绎经验避免无效，以期促进体育教与学效果的提升。教学方法包括"教师教的方法和学生学的方法，是教师引导学生掌握知识技能，获得身心发展而共同活动的方法"。正如学者王策三在《教学论稿》一书中指出，教学方法由教法和学法两方面组成，是教师和学生课堂间交流与互动联结的载体，是教学系统中最具能动性的部分，不仅直接影响着学生学习行为的有效性，而且还关系着教学效率与学习效果的高低和好坏。

一、体育教学方法的历史沿革

从哲学上看，体育教学方法的运用是教师对知识价值关系的认识或反映，烙着教师自我的教育价值观对教学的"前理解"，标识着教师在完成知识传授任务时，对教与学的选择、安排等的具体表现。从教育的历程看，教学方法的运用呈现出明显的阶段性特征与时代的表达。释义出不同时代背景对知识需求的期待不同，对教学方法选用的要求也就不同，其关涉着与其教育主张产生的特定时代背景相互联系。如在我国古代基于当时社会生产力的低下，导致知识创新的基础较差。教育的基本教学方式是言传与身教，年青一代只能在与年长者的共同生活中通过模仿和记忆学习相关知识。受时代的制约，其教育取向以传授知识为主，通过传授知识来培养学生的德行。因而，传道、授业、解惑就成为教师的天职。为此，教学方法的选用多以讲授法为主要形式，致使看课堂教学能否取得满意的效果，不是看教学方法的正确使用与否，而是取决于教师的学识水平如何。教师讲好了，学生就学好了。长此以往，就把其演变为了"满堂灌"和"填鸭式"的教学形态。这种教学方法最大的优点是"节省时间和精力"，可以在最短的时间内最大限度地向学生传授知识。正如夸美纽斯在《大教学论》中指出："这种教育将不是吃力的，而是非常轻松，一个先生可以同时教几百个学生。"

不过，随着时代发展，当人类社会历史进程由低级文明不断前进迈向了21世纪的新知识经济时代文明时。时代要求教育要把知识创新作为衡量的尺度，由寻求普遍性的教育规律走向寻求个人情境化的教育意义。即教育要把人个体本质中的个性内在能动凸显出来、发展出来。为个人知识的意义理解与建构提供支持，满足新知识时代对人发展的需求。于是以个性为解放的、新的知识教育形态日益凸显正成为不可阻挡的世界潮流。拉开人类社会由知识取向的教学理解（侧重于知识性积累的拥有）、能力取向的教学理解（侧重于知识的把握与创造）开始迈向解放取向的教学理解（以发展人的完整性和能动性为核心）的帷幕。彰显出个性的发展是社会进步的核心，只有实现个性（最大发展区）解放的教育才是时代的追求。

为此，解放人的潜在能力的时代要求，挖掘人的创造力的时代需求，促进人的全面发展的时代主题，就成为今天和未来教育的首要任务。也正因为如此，建立以人为本的新的教学观和教育观，实现体育教育的本质是解放人的一种个性化学习活动，就成为当代世界各国体育教育改革的目标和发展的普遍趋势。在这一思潮下，传统的教育观念被彻底颠覆与抛弃，对此美国未来学家阿尔文·托夫勒指出，"未来的文盲不再是不识字的人，而是没有学会学习的人。"显然再用传统"接受式"的教学方法无法培养出学习者个体不同的发散思维，无法扶植与培养学生的创造性，不符合培养个性和创新精神为21世纪社会服务的目标，难以满足社会发展对人才培养的要求。因为21世纪社会生产力的发展，要求教育不仅要完成传授知识的任务，还要实现让学习者创造新知识的目标和任务。为此，转变教育观念、改革教学方法、探索合作学习、探究性学习、自主学习等，就成为当务之急。正如学者刘丽群认为，教师不是简单的传声筒，他们如何选择"教学方法"是教师整体认识与能力的直接反映。鉴于此，我国著名学者顾明远指出，当前社会上都在热议钱学森提出的问题"为什么高校体育教师的学校总是培养不出杰出的人才"。要回答这个问题，教育确实要担负主要的责任，主要表现在教育观念的陈旧，教学模式的僵化，教学方法的落后，教育评价的片面上。学者易言表明，由于受不同时代教育教学观"前理解"的影响，导致教师对教法和学法概念的理解也就不同，因而对其应用范围的认识也就存在着差异。教师要教好学生，提高教学效率，就必须按时代教育的目的选择怎样教和如何教。即教师要会教和善教，就必须懂得教法和学法与时代发展的适配联系，才能科学掌握好教学。新教育理念在当今教学实践的认识论证明，教法和学法的优合是推进体育新课程的一个重要组成部分。只有这样，新课程才会由目标走向现实。正如马克思在《费尔巴哈的提纲》中指出："社会生活在本质上是实践的，人的本质是社会关系的总和。"

二、当前体育教学方法存在的问题

　　教育历史的发展不断证明，在每个教学方法的历史形成时期，都离不开它所置身的客观环境。我国的传统体育教学观是根据教的内容来预先设定好教学方法。教师只考虑教的任务完成，较少考虑学生学会的方法使用与发生、效率和限制在哪里，这一定型化极大地规制了教师教学方法的选择与运用。教师只要教好就可以达成教学目标的现状。因此，我国以往体育教学研究，往往侧重在教法的研究方面，对学法的研究则不够深入。即使接触到了，也只限于对一些具体学习方法的总结。对学法的专门研究还很缺乏，缺少系统的学法理论指导。因而，在实际体育教学中出现教师只关注"教法"的设计与运用，对学生"学法"的思考没有重视，导致出现用教学方法剪裁学法实践的现象。在指导思想上不是使体育教学方法促进学习对象懂了没有，方法会了没会，体验过程乐了没乐，而是力图使学习对象适应教学方法，使学法迁就教学方法。以统一进度、统一模式、统一方法和统一要求为教学方法的原则，其结果是人变成了客体而不是主体，并没有强调学生的主体性，并没有以学生的"学的过程"作为目标导向。历史中的传统教学模式把有趣的体育教学变成呆板的技能传授与刻苦的标准训练，把体育学习变成了"只认技能不认人"的灌输和规训，失去了体育学习懂、会、乐的因果性和目的性的统一。这种"统一同质"的教学方法，造成享有不同运动优势的学生没得到个体的发展和满足，也影响了一些运动弱势学生的自信、学习动机和态度，使得他们产生失败感，厌弃体育学习、讨厌体育运动，给未来终身体育可循环的建立增添了危机。正如苏联教学论专家斯卡特金指出："高校体育教师建立很合理的、很有逻辑性的教学过程，但它给积极情感的食粮很少，因而引起很多学生苦恼、恐惧和消极感，阻止他们全力以赴地去学习。"

那么，在有效地发挥教法和学法这一复合体的整体功能的改革过程中，近几年来，教育研究者们通过对新课程实施的调研总结来看，大家深深体会到要使体育新课程逐力推进实施，必须把教推向学。如果不注意加强学生学法的应用与指导，就不可能使新课程终身体育教学有效地得以实现，并进一步发现对学习概念及其本质与规律的理解和把握，是发挥和沟通好教法和学法的理论与实践的桥梁。通过反思大家认为，在探讨教法和学法的关系时，当前应将重点放在"为学习发现更多的联合因素"，体现出"教学为学习而设计""为理解时刻而教学""学习要有自由度（选择性）"的学法指导研究上，实现教法和学法联姻才是可为的。正如我国著名教育家陶行知先生在 1919 年《教学合一》一书中所说，"先生的责任不在于教，而在教学生的学。教的法子必须根据学的法子，怎么学就怎么教"，"教学做合一是教的法子根据学的法子，学的法子根据做的法子"。对此，联合国教科文组织 21 世纪教育委员会在《教育——财富蕴藏其中》报告中也提出："教育应该较少地致力于传递和储存知识，而应该更努力地寻求获得知识的方法。"这些论断，深刻地揭示出教育需要以教会学生学习为重要目标。传统教学法与现代教学法两者之间的区别在于，传统"学习"是接受知识，积累知识，注重智力的提高；现代"学习"不仅要求学生掌握知识与运用知识，更着眼于获取知识的方法上的能力形成。即 21 世纪的教育不仅是实现学习理论、运用理论，更重要的是贡献理论。上述思想在我国古代教育家墨子的《公孟篇》一文中曾有记载，如在教法上要"量力施教"，在学法上要"察类明故"。才能使不同的学生，在不同的基础上，做到"深者深求，浅者浅求，教者诚其心，学者尽其材"。

三、学校体育教学方法改革的趋势

从 20 世纪 80 年代以来，从致思取向的维度分析，高校体育教师可以发现，我国学校体育教学的趋势在指导思想、功能运用和结构特征三个方面发生着根本性的转变。

（一）在教学指导思想上由教会知识转向教会学习

雅克·德洛尔主席在 1972 年向联合国教科文组织提交了《教育——财富蕴藏其中》报告。雅克·德洛尔主席明确提出 21 世纪教育发展的理念，应是围绕"学会认知、学会做事、学会生活、学会发展"的四种学习方式进行安排。并进一步指出，"这种学习不是获得经过分类的系统化知识，更多的是为了掌握认知的手段"。在这一背景下，"学会学习"就成为新世纪课程教学的宗旨、核心理念与教学指导思想的追求。

（二）教学结构特征由以教为主转向以学为主

新教学特点"以学生学会学习为中心"这一点，已成为当代体育教学理念的核心成分和支撑教学的理论基础。这要求教学由以教为主转向以学为主的意义建构。在教学内容上，要给学习者提供多样化的运动选择，尊重学习者对不同体育内容学习的需求。在教学组织上，要建立适应学习者个别差异的条件与学习情境，让学习者根据自己的运动能力与技能水平、兴趣风格，选择相应的学习层次与学习领域。在学习考核与评价上，要体现出学会学习的意义建构发生，既要重视成绩考核的结果，也要关注学习进步的发生；既要重视技能学习的评判，也要养成学习者体育学习生命的领会。恰如梁漱溟所说："以文化育人的方式聚集起有价值的东西，有助于正德、有助于知识的享受、有助于精神的提升。"

（三）在教学方法运用上由统一教学转向多元教学

在体育教学结构的特征基础上，在教学方法的设计与选用上，要把体育学习纳入促进人发展的视野，正确看待不同学习者体育学习的不同方式。给予学习者更多的学习机会，发现更多学习的联合因素，扬长补短、因材施教，使学习者主体性得到充分发挥。推崇采用集体教学与差异教学相结合，实施学习程度分层学习内容分层、学习方式分层、学习作业分层、学习评价分层等多元化建设，防止学习者有的吃不饱，有的吃不了。让尖子释放出运动能力，放飞体育天赋；让中等生完成提高赶优，增大兴趣爱好养成运动习惯；对运动差生解惑补救，激发学习热情，使其不因为运动能力不足放弃体育学习，进而达成学习者全部实现终身体育的运动目标。恰如巴班斯基的一个著名主张："教学即必须把教的最优化与学的最优化融合在一起。"

由此可见，人类社会文明在不断迈进的过程中，给教育教学不断带来新取向的理解，要求教学方法对知识的价值关系释放出一种新的解释、新的操作，建立学习跟知识之间的和谐；渴望教学方法重建出合理的师生、生生关系，促进交往对话；为个人知识的理解与建构提供支持，满足21世纪新教育对教学方法的需要。反思高校体育教师在传统教育发展的历程中对个性化认识的片面与丢失，摆脱教学方法仅是一种控制知识、管理知识的计算范式。认清学生不是机器，教学不是控制，应是解放，是师生平等的对话，教师是引路者和共同成长的伙伴。从这个全新的角度来理解21世纪体育教育在教学方法的实施。从个性化、差异性、多元性、开放性等解放性教学路向的基础上，重构出个性化知识学习新尺度的教学方法。为新世纪体育教育实践走向因材施教增添活力，进一步增大和唱响体育新课程对人的发展的意义建构。这一视域的登场，无疑为高校体育教师推进终身体育的实施，提供了一个有益的视角和崭新的尺度，凸显出教学方法的变革，对于我国正在展开的体育新课程实施能否成功，尤其具有重大的意义。理解和把握这一点，无疑是十分重要的。正如学者李秉德认为，"教学方法的构建不仅是现代学校教育的一种努力目标，更是实现未来新教育所必需的一种方法，它是现代教育教学的特征之一"。也如珍妮特·沃斯在《学习的革命》一书中所说，"世界正飞速地经历一场革命"，"这是一场思想的革命，一场高校体育教师学会怎样学习、怎样找出既新又好的解决问题办法的革命"。

在观点上，学者易言指出，教学方法的表现方式已成为探究新教育的形象与样式，是表现新教育教学方式的普遍论述。"工欲善其事，必先利其器"，对教学方法的表现方式加深了解和分析，可帮助高校体育教师更清楚地认识体育教学方法的选择与运用。"至道"自我走向体育新教育教学的崇高，改变高校体育教师体育教育教学方法在育人方面长期不协调的发展。

第二节　体育教学方法体系的建构与辨析

关于体育教学方法体系的观点，在《现代教学论》一书中学者裴娣娜认为，现代教学论是由多种理论基础组成。这一价值判断道出了教学方法是由不同层次组成。教学思想理念可认为是教学的"上位"。因为，任一教学方法都是教育思想理念的脚注，其都对教学方法具有本质性、概括性和指导性的论断。正如Monroe P. 认为，在西方教育理论中，就出现了将思想（观念）应用于不同科目的教学方法，在具体实践领域与一般理论领域之间如何统一的逻辑问题。为此，理念性教学方法是实现教学方法的立足点和出发点，是教师选择和运用教学方法的"指南针"和"导航器"。恰如学者李振凤、孙红梅认为："教学方法改革要与教学思想观念更新相结合，与学法指导相结合，这样才能使教学改革沿着正确的轨道不断深化和发展。"也正像巴班斯基所指出的："教学方法的本质特点是理念的方向性。理念赋予方法说明其本质的方向性，方法乃是理念的运动形式。"

教学方法的本质特点和教学方法的体系的特征揭示出，纵观现代教育发展的历史，几乎每一种成功的教学方法都反映了其特定的教育教学思想理念的方向性，作为其外化形式在实践中发挥作用。教学方法渗透着教育价值判断的取向，任何一种教学方法都离不开价值理念性的指导。因而，理念性教学方法的构成是教育思想理念特定的内容体系与价值的综合反映结果。一定的理念支配着一定的行为，教育也不例外。教学方法的改革不能撇开教育思想理念，单纯就方法论方法，这样无论采取何种措施，都不能见到效果。只有把教学方法与教育理念统一起来去认识、去研究、去改革，教学方法在实践上才会有新的突破。从而得出论断，理念性教学方法是体育教学方法体系的构成与存在，是体育教学方法体系的组成部分。

一、理念性教学方法的概念和辨析

经过教学方法的确定和教学体系的形成，理念性教学方法是教学方法的准绳，属于教学方法的上位概念。其体现着各种不同教育理念流派的特定教育价值取向，规范着教学方法的设计、选择与实践方式的行为方向。将教学的思维和行为方式与运用程序和准则进行定位，为教学方法的应用设计提供有力的理论支持，是教学方法实施的重要思想基础。明确区分不同教育理念流派教学方法的行为的准则性、目标的针对性、实施的程序性、载体的模式性和内容的法定性。例如，行为主义教学理念强调外在刺激的强化作用，主张通过奖惩物的控制和安排来调动学生学习的需要。再如，认知主义教育理念注重学生内在的认知需要，主张通过增强教学认知的吸引力来激发学生的学习需要。又如，建构主义教育理念力求消弭教育将狭隘的理性和抽象的推理过程，视为完整人生的标准加以过分强调的弊端。其强调基于学习者自身经验和最近发展区的主动建构过程的"情境""协作""会话"和"意义建构"的学习机制，把教推向学的新型学习方式，力求为教学发现更多的联合因素。又如，人本主义教育理念以其独特的哲学认识论，通过对人与世界的诠释，认为人有自我实现的内在需要和独特潜能，因而关注成功体验的作用，重视学习的自由感和成就感，注意发挥学习者的主体地位。又如，多元智能理论，使高校体育教师深入了解了人类智能的本质，摆脱了传统智商理论的局限，为教育理论与实践带来了突破性的启示。告诫高校体育教师，人没有聪明与不聪明之分，每个学生都有自己的优势智能领域，每个学生都存在八种不同智能不同程度的组合，每个学生会以不同的方法来学习、表征和回忆知识。

教学要认识、尊重和充分利用个体智能差异，应针对每个学生的不同需要而使用不同的教学方法，充分发挥每个人的智力潜能，最大限度地利用个体特征促进学习。根据学生的长处与短处致力于学生的整体发展。又如，后现代主义课程批判了现代主义知识观的僵化、封闭的弊端。以解放知识的多元观和有机观为奠基，提出了以流动性、生态性、交互性、包容性为特征的后现代课程目标观。可为全面审视我国基础教育课程的现状，实现课程的转换及正在进行的新课程改革提供富有建设性的依据与参考。正如 D. Britzman 曾说，"学会教学——正如教学本身一样——是一种过程"，"在此期间，一个教师做了什么，就是他认识了什么，理解到什么，就做了什么"。

在理解了教学中学生学习的个体差异性的情形下，理念教学方法不仅是一种教育观，而且是人本观、社会观。一方面，它反映着教学是社会实践的决定性，即教学是社会有机整体的一部分，是随着社会历史发展而形成、演化和进步的，它与社会各因素具有复杂多样的关联性。另一方面，它表现为理念教学方法是一个特殊的观念表现，存在多种多样的社会性和文化价值性的取向，与人的存在形式和生活形式等都存在着复杂的关联，这些因素交织在一起对教学方法发挥着作用，内化于教学的实践活动之中，也体现在教学方法的选择与优化过程之中。它可以使教师反省自己日复一日的教学行为的合理性，重新思考那些习以为常的教学行为，更加自觉地运用教育理论对日常教学进行自我监控和调整，真正实现由"工匠型"到"专家型"教师的转变。

在教学方法体系的建立过程中，需要指出的是，理念性教学方法"不具有操作性，不能直接运用于学校各科的教学之中，而是通过影响教学主体的思想、观念，渗透到各科具体教学的设计和实施中"。其宗旨和构想旨在使教师在教学设计时，能够在拟真教育情境中，面对复杂的教育问题做出选择和判断，生成文化自觉的专业性的见识。它能帮助教师从不同的角度、不同的变量和因素去考虑看待教育教学问题，富有成效地思考和提升已有的教育经验，解决基于教师个体经验教学实践性的决定和决策。正如美好的理想一样，虽不能保证高校体育教师拥有美好幸福的生活，但它确实能够有所帮助，并让这些事情变得更加可能。也恰如美国学者吉布森所说，"全球化新教育的思想""给教育研究和实践提供了崭新的尺度"。

落实在教学实践中的理念，一定是经过高校教师的认识和理解基础上的，诚如某学者所言，这些教育思想概念体系，在教学发展的过程中，从哲学、社会学、文化学、教育学等领域都对教学方法与学生身心发展规律进行了深入探讨，逐步确立了其教学的基本原理与方法，对于改变教师的思维方式，推进教学的改革与发展，优化教学活动，促进学生全面发展，无不具有重要的价值。近年来，随着教育全球化浪潮的不断迈进，这些具有深远历史渊源的思潮向教育领域全面涌入，迫使体育教育工作者不得不对其与体育教育的关系，重新进行全面深入的研究探讨与思考，以揭示其对我国体育新课程教育与应用的启示。所以，对其进行驻足和研究是必要的和有意义的。

二、理念性教学方法对体育教学的影响与启示

在新的时代要求背景下，高校教师对教学方法体系的认知程度以及理解程度决定了理念教学法的实践效率。我国新一轮基础教育课程改革对课程目标、结构、内容、实施、评价和管理进行了全面调整和定位。其观念之新、范围之广、力度之大，是中华人民共和国成立以来前所未有的，也是我国近代教育史上所少见的。可以说，这一新课程改革的形态不同于中国传统教育发展的逻辑，也有别于西方理论视野勾画出来的现代教育形态。其源于中国特色的改革和建设发展模式能勾勒，其源于当代全球化教育新路向的关联，新课程改革正经历着一场"非古非西"的变革。诚如狄更斯在《双城记》中所说："这是一个最光明的时代，也是一个最黑暗的时代。"改革是有意识的前进，就目前体育新课程实施存在的问题状况来看，转变教育和教学的思想，清除头脑中原有的与新课程不相适应的观念，改变与新课程不相适应的教育教学方式和方法，有赖于教育理论的传播促进教师对其深刻理解，否则难以使广大基层教师摆脱在体育新课程改革中所面临的困境。由此揭示出如何让广大体育教师如同专业研究者一样，真切感受全球性的、国际化的教育理论，并将其纳入自己的知识体系，进而亲身实践这些理论，转变教育教学行为，应该说，这是摆在当前学校体育面前的一项重大任务。诚如马克思在《黑格尔法哲学批判》导言中指出："真理的彼岸世界消失以后，历史的任务就是确立此岸世界的真理。"

在理念教学法在体育教学改革的应用中，可以得出，教育改革既需要先进教育理念的指导，也需要成功的价值判断的支撑。改革是有意识的前进，有什么样的教学观、学习观，就有什么样的教学行动。为此，以下选取一些与体育新课程教学有关联性且影响较大的教育理论价值判断，帮助广大教师加深对理念性教学方法的认识，取其真理为我所用，回应新课程教改的要求。提升其适应性及专业性，促进教师专业化教学能力的发展。

（一）行为主义教育理念对体育教学的影响与启示

20世纪教学理论的代表性学派是行为主义教育理念。虽然它忽视了学习过程的开放性和学习中的交互作用；对学习者的内因、思想意识和情感意志也未得到应有的重视；孤立于只有知识学习方面的要求，显然是不足与片面的。但它的

出现使学校课程教学设计第一次有了系统的、高效的评价方式。为教学组织行为及计划指标的构建、执行、沿用提供了诊断工具和程序；为如何"安排"教学提供了一系列的准则，使教学评鉴有所依据，至今仍是非常可取和不可缺少的。它有以下理念性方法可帮助教师提升教学环境、催化有效教学，使教学生涯走上新的台阶。

1. 行为主义学习观的影响与启示

行为上的改变是行为主义教学观的衡量标准。行为主义学习理论认为学习的本质是行为的变化，即学习活动发生后，学习者要有可观察、可测量的外在变化。要让学生做出合乎需要的行为反应，就必须在行为发生后有强化性的效果。如果一种行为得不到强化，就会逐渐消失。在学习过程中加强练习和反复刺激，是促进学习效果的良好方式。斯金纳认为，教育是按照"刺激—反应—强化"的程序进行的，应将学习内容按照一定的逻辑顺序组合起来，引导学习者循序渐进地去掌握，所以强化训练是解释机体学习过程的主要机制。虽然行为主义理论由于过分推崇"学习行为"的量化效率性，忽视了"人"的学习价值，把学习送回"生物的怀抱"，但其强调教学的效率性仍然是现代教学的出发点，也是体育新课程的旨归。

第一，强调刻意的反复练习是体育学习的重要条件。

在教学过程中，体育实践证明，强化是体育学习的重要基础。"刺激—反应"的学习原理与运动技能学习理论密不可分，体现运动技能形成和发展的过程，即泛化、分化、巩固和自动化的四个阶段，是一套刺激—反应的运动链联系系统。因此，要让学生做出正确的动作反应就必须在学习过程中适时地给予强化，而体育学习中的练习就是强化的重要表现。学生在最初观察和模仿教师的示范动作之后，还不能完整地掌握动作，只有通过反复练习才能强化正确动作，巩固刺激与反应之间的联系，避免动作记忆的消退和遗忘，最终建立巩固的、自动化的动力定型。因而，对其如何科学把握仍是体育新课程关注的重点。

第二，正向的正反馈刺激是增强教学效果、提高教学质量最好的方法。

学生的表现和教师的正向引导概括地说，学生在练习中及时获得教师的反馈信息，会缩短学习的时间和过程。同时获得心理上的关爱，会产生"亲其师，信其道"，我师爱我，我爱我师，提高学习的效果。因而，通盘考虑体育教学情境的各种可能性，协调看待有关体育教学如何根据学习者的特征，提供支持交流的教学情境的选择，指明每一类学习结果需要的"适配性"媒介，为学习者提供精确的反馈就至关重要了。行为主义者桑代克所说，"满意或不舒适的程度越高，刺激—反应的联结就越强或越弱。"布卢姆认为，"掌握学习的实践证明，良好的反馈可以起到激励作用，使学生在以后的学习中表现出更浓的兴趣、更强的决心，形成良性循环。"

2. 行为主义教学观的影响与启示

行为的反应是可以选择的，在体育教学实践中，掌握体育技能的学生更能有更好的实践表现，在终身的体育锻炼过程中受益更多。行为主义教学观以"刺激—反应"说为理论基础。桑代克认为，全部教学无非是一种训练培养对某种刺激引起反应的过程。一定的成绩产生一定的反应，而连接刺激和反应的是知识。这种思想支配教、控制学，教学过程基本上是一种灌输，以生物化的解释，抹杀了教学的社会性。但它改变了前世纪教学主要凭教师个人经验与体会来指导，没有人来评教的弊端，使教学不再停留于经验的推断而有了确凿的实证分析，增强了教学的精确性、可靠性，体现了现代教学有效性的精神，丰富了现代教学的理论方法。体育新课改初期高校体育教师错怪了它、尘封了它、丢失了它，导致体育课教学无密度、无负荷、无评价，花拳绣腿没有收获教学应有的实质，不能说不是一个教训。因而它可帮助教师充分认识到影响学生行为的各种因素，通过对因素的操纵，可以预防不良学习行为的发生，并引导其产生预防。

行为的变化和进步是行为主义教学观最重要的习得习惯，在一种以行为为导向的基础上，好的体育锻炼技能才能逐渐形成。为此，这一思想对于综合改革教学内容、方法和形式，使学校体育教育、教学过程达到最优化，提高教学质量仍具有较高的科学性，可帮助深化对体育课教学本质与规律的认识。英国科学哲学家波普尔在《客观知识》一书中说，"这种见解有助于揭示科学认识从经验层次上升到理论层次的辩证运动"，"在检验中清除错误并筛选出最逼近真理的新理论"。

第一，行为主义教学观重视课程内容的范围和顺序的逻辑性，为系统教学做好了准备。

第二，行为主义教学观预设了学习目标、学习方向和学习过程的教学策略与方法，保证了认知目标的实现。

第三，行为主义教学观把时间视为有限的资源，以阶梯结构相互勾连，加以最大限度地利用教学要素的活动，不游离于浪费，保证了教学组织的最有效实施。

第四，行为主义教学观为诊断教学行为的表现与预期达成的教学效果、提高教学质量与能力，提供了规准（如桑代克准备律、练习律、效果律）。

3. 行为主义评价观的影响与启示

首先，无论如何，行为主义评价观的教学的目的都需要结果的论断。但其只重结果不看过程，不管学习者的差异和能力，只考定结果是偏颇的。

其次，行为主义评价观仅根据考试分数的指向表征形成评语，排除学习者的弱点是不完整的。

再次，在行为主义评价观的评价系统中，即使学习者再努力，分数不好即是差生。没有从知、情、意、行整体考虑学习者学习的历程，割裂了知识学习与智能发展统一的教学目标的全面化。当前高校体育教师要走出囿于窄化的微观学习的狭义评价理解和简单运用的思想。展开对学习评价方式更高的理论层次上的综合与概括，把学习评价问题的研究推向新的更高起点，使之与信息时代的生产方式与生活方式相适应。

最后，在行为主义评价观的概念中，需要指出的是：第一，尽管行为主义教育理论有这样或那样的缺点，但是，正是它们的兴起才点燃了教学成为科学研究的对象，为后人的研究奠定了基础。几乎后来每一学科的新发现和新理论都直接或间接支持了它的基本思想。在今天的体育教育中，高校体育教师仍然处处感到早期行为主义教育理论不可磨灭的影响，享用着它的指导作用。第二，虽然这一理论由于其历史局限性，学习的类型只能适用于人类机械记忆学习、联想学习等，但加涅的累积式学习理论指出，高级学习的前提条件是建立在低级学习基础上的，人的发展正是从低级学习走向高级学习的。

（二）认知主义教育理论对体育教学的影响与启示

当今世界一种重要的国际性教育思潮是认知主义教育理论。认知主义教育理论产生于德国格式塔学派的顿悟学说，继而受认知心理学的影响驻足于知识与人的学习能力、认知能力的研究，使"如何教"与"如何学"的合规律性、合理性等教学论的一些基本问题得到认真探讨。根据受教育者的心理活动规律确立了教学过程和阶段、手段和方法。运用心理学成果及其实证为心理学和学校教育的结合开辟了道路，成为一种有效指导教育教学的理论。由于其只注重知识认知的记忆积累，把学习看成是信息的加工过程。虽然有利于教学内容与计划的完成。但这样的教学忽视了其他各种学习方式的存在，并把它推到了极端。把生动活泼的体育学习囿于认知领域，难以拓宽学生的视野，贯通时代创新的要求，抑制了学生主动性和创造性的发展。虽然后期奥苏伯尔、布鲁纳、布卢姆、加涅等人的新思想促进了从更多元的角度研究该理论，但其对"人"的缺陷还是存在的。正如教育家佐藤正夫所说："它是把教学论解释为教学手段与教学方法的认知研究。"

1. 认知主义学习观的影响与启示

认知主义学习观与行为主义学习观的区别在于，认知学习理论强调整体学习观，强调教学性创造情境引起学习者的反应，重视认知学习理论的操作性，关注目标的预期学习结果，突出了理论与实践的结合。但其较少考虑情绪、意志等因素对于过程的具体作用，把能力仅仅归结为大量有组织的知识，忽视了人的思维能动性的作用，这一点应引起高校体育教师的注意。高校体育教师应把握认知主义整体教育观，例如，学习是认知结构的形成和改组，重视学生学习的迁移能力、主观能动性等教学设计，可帮助高校体育教师优化和提高教学水平。

第一，认知主义学习观对于外部刺激的衡量标准是，外部刺激的接受取决于学习者内部的心理结构，而不是外显的刺激与反应。

认知主义的学习观侧重于在教学过程中唤起学生的认知感受，认知学习理论告诫高校体育教师，教师的教学信息要引起注意，即学生必须打通多种感觉通道。这要求高校体育教师注意运用多样变化的学习情境条件，引起注意、引发动机，激活感受。不仅仅要"引起"，同时还要给予"维持"。这是引起注意的理想效果。如音调、手势、动作、表情，还可以通过提问、演示、图解等引发学生的兴趣，以达到产生警觉的目的。

第二，在认知主义学习观中，开始学习的基础是学习者内部心理结构的形成与改组。

认知主义学习观在体育教学的活动中扮演一个认知的桥梁作用，认知学习理论告诫高校体育教师，学生良好认知结构的形成，是从良好的教材结构同化过来的。要重视在旧知识和新知识之间设置中介的连接，启发思维，由此及彼，同化新知。

第三，认知主义学习观中认为，学生的认知结构不改变，学习无法发生。不平衡的原则，即个体认知结构进行学习不成功，则会导致结构失衡。

认知主义学习观的学习背景是学习情境的建立，这大大发展了学生在整个学习行为的过程里的定位以及经历在不同的情境当中的适应能力。认知学习理论告诫高校体育教师，由于学生的认知发展就是观念上的平衡状态不断遭到破坏，并不断达到新的平衡状态的过程，因此，教师应当善于创设问题情境挑起冲突，使学生利用已有的知识、经验和能力解决问题时产生观念上的不平衡，同时使学生能够较为清楚地看到自身已有知识的局限性，从而努力通过学习活动达到新的、更高水平的平衡。在教学中要为学习者的主观能动性创造情境，使学习者作为一个积极的参与者出现。

第四，顺应认知主义的学习观，是需要建立起新的认知结构的，这一点的确立，是区别的旧有的认知结构，由于迁移的原则，新的认知结构会受到以往认知结构的影响。

在认知主义学习观的论证逻辑方法上面，归纳顺序与演绎顺序的构造需要以合适的问题情境来表现，归纳的顺序适合于需要学生得出对一种体育活动的正确实质的认知中，演绎的顺序适合于需要学生得出对一种体育活动的内容细节的把控中。认知学习理论告诉高校体育教师，学习材料既要以归纳序列提供，又要以演绎序列提供。在学习过程中要注意掌握一般原理构造合适的问题情境。注意培养学习者的认知策略以及认知的能力。布鲁纳说，"高校体育教师必须考虑以往认知结构对学习的影响"。

2. 认知主义教学观的影响与启示

对教学内容认知逻辑的教法加工、认知思维水平的组合适用学生学法，是认知主义教学观强调的教学方法。强调反对行为主义教学观限于直悟"刺激—反应"的积累和学习就是行为改变的结果。其"发现学习理论""有意义的学习"等理念打破了长期以来追求高效率学习与对人的呼唤之间的矛盾、传授系统知识与学习兴趣之间的矛盾。较为契合21世纪教学论发展的时代精神，从中可窥见新世纪教学论解放人的基本特质。正如英国科学哲学家波普尔在《实在论与科学目的》一书中所说，"如果两个相互竞争的理论受到高校体育教师所能实现的最为彻底的批判和检验之后，结果其中一个确认度大于另一个，那么一般来说，高校体育教师有理由相信第二个理论较之第一个更逼近真理"。

有很多国内外的专家学者们研究了有关体育的认知理论，并且将之付诸实践，从而得出了一套设计的教学方案。有关主要内容为以下认识，可为我们丰富体育新课程教学活动的整体特征，全面深刻地理解教学活动提供帮助和保证。

第一，要培养学生学习的理论知识。学会正确学习的方法和策略。

第二，要会用直观的形式来研究内部结构，从而让其他人更加深刻地了解知识的内部联系，善于用总结的方式展现自己的成果。

第三，要学会将学习素材有序整理，总结有序，归纳有序，排列从简单到复杂，再从复杂到简单。从单一原理进行到复杂深入结构，将自己的学习素材得到一个有序的整理方案。

第四，学习，要做到真正理解巩固知识，掌握知识。

第五，从学生的学习中得到评价和反馈，及时地帮助学生更改学习错误。这样反馈教学作为一种教学基础，在辅导同学进步的时候，也将自身的教学方案得以提升。

第六，鼓励学生勇敢质疑，提出不同的观点，训练学生怀疑的思维。

3. 认知主义评价观的影响与启示

在与行为主义评价观的比较中，认知主义的评价观也认为结果最为重要。只是评价的目的相同，而手段不同而已。认知主义的教学评价与行为主义几乎同出一辙，以"掌握知识多少"为评价目的。评价缺少全面性，仍然是单方面、直线式、孤立化的评价。以形成性的测试揭示学生学习中存在的问题，协助他们矫正错误，仍然没有改变分数是学生的命根这一甄别过程。在这一过程中少数学生能够得到鼓励，体验成功，大多数学生成为失败者。虽然有布卢姆"掌握学习理论"的存在，但其目的依旧是纠正错误、提高成绩，缺少对学生发展的教学性与发展性的思考，不适应素质教育评价的要求，应引起广大体育教师的注意。

需要强调的是，认知主义评价观需要引起高校体育教师的重视，这种认知只有先在教师身上变化理解了，才能够在学生中得到传递和理解，形成新的学习。最后应指出的是：认知主义教育理论揭示了学习过程的某些机制和具体过程，对于处理体育学习的认知性内容可给予极大的指导，是教师必备的知识。但它却脱离了社会实践来研究人的认识活动，把学习归结为单纯的心理过程和意识系统，把人的认识活动归结为纯粹的认知行为，甚至类比或等同于计算机对信息的机械加工，从而表露出其片面性。事实上，人的一切自觉能动的活动都应是认知、情感、意志三个子系统协同配合的结果。在体育学习中，学生的学习不仅表现在认知方面，还表现在动作技能、情感、态度等方面；学生的学习不仅受学习者已有认知结构和内容逻辑结构的影响，还受其他主客观因素（如个人的情感、意志、个性、自然环境和人文精神等）的影响。因此，在体育教学中，不能把学生的学习只聚焦在认知上，而忽略其他非认知因素。虽然，其存在一些不足，但认知主义教育理论所发挥的作用对体育及教育和教学改革的引领地位是不容否认的，至今人们对认知主义教学模式依然兴趣盎然。

（三）建构主义教育理念对体育教学的影响与启示

在教育理念的历史发展演进进程中，不同的教育观念形成不同的教学方法和教学效果，无论是历史的更迭还是知识的迭代，20 世纪 80 年代以后兴起的建构主义理论，是当今世界一种重要的国际性教育思潮，对世界各国的教育产生着重大影响。建构主义是继行为主义和认知主义以后的进一步发展。与行为主义和认知主义相比，建构主义更加关注学习者如何以原有的经验、心理结构和信念为基础来建构自己独有的精神世界。建构主义教育理念是新课程的支柱，其把教推向学的理论，深深影响到学校教育的各个层面，其教师地位与作用看法，对我国新课程教育教学影响较大，其思想和主张已深深地渗透在我国新课程之中，指导着高校体育教师的教育教学。建构主义教育理论有以下理念方法，可帮助你发现更多的联合因素，体会为"学习而设计"的可行性和有效性，使你成为拥有新课程知识"财富"的人。

1. 建构主义学习观的影响与启示

在建构主义学习观的观念中，对于学习有着不同的定义和定位，建构主义学习观对于学习是如何获取的，也有着更精确的解释。学习的意义成了一种意义的获得，整个学习的过程相比于结果来说，更加完整化。关于学习的含义，建构主义认为，学习是获取知识的过程，但"知识不只是通过教师传授得到，而是学习者在一定的情境即社会文化背景下，借助其他人（包括教师和学习伙伴等）的帮助，利用必要的学习资料，通过意义建构的方式而获得"。强调学习是学习者在学习过程中（"情境""协作""对话"和"意义建构"的学习环境），产生一种与人、事、物的互动或接触，这种互动是一种内化建构的过程。这意味着学习是主动的，学习者不是被动的刺激接受者。外部信息本身没有意义，意义是学习者通过新旧知识经验间反复的相互作用过程建构而成的。如学会数理化走遍天下都不怕，学生偏不学，外部信息本身没有意义，实施体育选项学习满足了学习的愿望，学生才爱学，外部信息才有意义。

2. 建构主义教学观的影响与启示

很多学生在步入校园之前，都已经建立起了自己的思维网络，而这种固有的思维结构可以帮助学生理解，使之转化为自己的学习方式，从而获取知识。而教师的职责就是在此之上，加以学习知识的巩固，不可以强硬地将教学模式强塞给学生，需要以学生的结构方式来理解问题，这些丰富的经验，使学生们成就了自己的知识点。而他们的认知能力，对于问题的解释方法逻辑的假设等都是值得重视的经验，所以教师更要重视这种构建主义教学观念。

3. 建构主义评价观的影响与启示

建构主义的评价观是一种新的弹性评价，渗入到教学环节的各个过程中的体验反馈，在每一个过程中，都能够形成建构主义的评价观。由于建构主义强调认识主体在知识获取过程中的主动性、独特性和社会性，所以建构主义认为，教学评价应该在活动中进行、在任务中进行、在表现中进行、在协商中进行、在合作中进行。应给学习者一个具体、生动的印象，应通过各种形式将上述各种评价情境中的活动式、任务式、表现式予以加深。其理论基础是来自建构主义的认知弹性理论。如前所述，认知弹性理论倡导随机访问教学，而活动式评价由于具有多样性和灵活性，能较好地适应这种教学形式，同时，它能够充分展示学生的个性特征、能力特征和学生的认识过程，是一种非常有效的学生作业评价方式，也是新课程倡导的。

在建构主义的评价观中，真正将学生作为评价的主体。在建构主义的观念中，最后需要指出的是：建构主义教学设计模式重视教学活动中学生的主体性作用，强调学生面对具体情境进行意义的建构，这相对于具有客观主义特点的行为主义教学设计模式和认知主义教学设计模式是一种进步。建构主义评价观使人们重新认识了学习的性质、教师的作用和教学的本质，重新认识了现代化、信息化、全球化时代教学的目的、任务和方法，为高校体育教师改革传统教学带来了一剂良方。这是一种极具魅力的教学设计模式，其广泛实施将是一场学习的革命、教学的革命。当然，这些模式还处在不断的争论、发展和完善中，需要研究和思考的问题很多，实施中的挑战亦不可低估。同时，这些模式过于强调学习者的经验、否定教师主导作用的倾向是不可取的，要坚决予以否定。

（四）人本主义教育理念对体育教学的影响与启示

20 世纪 70 年代，人本主义学习理论的兴起对于"学习"的定义和定位又不同于行为主义学习观和认知主义认知观，人本主义学习理论以马斯洛（Maslow）、罗杰斯（Rogers）为代表。也是后现代教育思潮的一部分在教育的反映，是在人们为了使教育适应"后工业社会"，对教育的"现代性"进行深刻反思的基础上形成的。以人本主义心理学为基础的人本主义教育理论认为，人生来就有学习的潜能，学生是学习的主体，弘扬个性学习力的培养，倡导学习的关键在于使学习具有个人意义，现代社会中最有用的学习是了解学习过程，促进认知和情感的统一，以便培养出完整的人。

1. 人本主义学习观的影响与启示

人本主义学习观在对学习的定义和定位中，强调人的本质属性，人本主义学习理论认为，学习是人的固有能量自我实现的过程，学习的实质在于形成和获得经验，学习过程就是经历的过程。因此，应从人的直接经验和内部感受来了解人的学习行为。他们认为，学习是发挥人的潜能、实现人的价值的过程，在这个过程中，学习者的自我参与、自我激励、自我评价和反思具有重要作用。正如人本主义代表罗杰斯所说，"学习即理解，是个人对知觉的解释过程；学习即潜能的发挥，人具有学习的自然倾向或学习的内在潜能，学习是一种自发的、有目的和有选择的学习过程；学习即'形成'，人在学习过程中获得知识和经验，获得如何进行学习的方法或经验"。

2. 人本主义教学观的影响与启示

人本主义教学观不同于建构主义的教学观在于，建构主义教学观在于向外建构的意义，人本主义的教学观在于由内而外的发展，人本主义教学观主张尊重学习者的本性与要求，主张教学的职能是"注重于人成长的经验总结和成长经历"。教学的主要核心是在于为每一个学习者能够起到真正的帮助作用，使其个性得到解放，成长的经验也变得尤为重要，在教学过程中以人为本的理念要处处体现，主要强调学习的能动性和基础结构。对于过多强调教师权威和外来因素的学习模式加以改革，强调以人为本，人性化教学。以学生为中心的主体教学才是真正的教学模式，才是真正意义上符合社会主义发展观念的核心。以此才可以营造一种丰富的教学感受、理性的教学模式、安全感的学习气氛。用罗素的话来说，高校体育教师不应当把学生当作手段，而应当把学生的发展本身当作目的。这种价值观强调学生的自由与独特性、整体性、自我指导性。认为学生自我学习的理智训练、心智的发展和完善比理性知识的目的更为重要，人格的陶冶比知识的掌握更重要。这种强调学生个体自由发展的教学价值观，与强调满足知识需求的教学价值观相比，给了学生以自主的人的地位，学生已不再被当成是为适应外在的目的而被训练的对象，而是在学校和教师的帮助下，完成一定阶段上自我实现的人。正如，人本主义心理学家马斯洛和罗杰斯所强调，对于每一个学生都有自己的兴趣爱好和自身发展方向的规划，教师就要辅导学生走上正确的道路。尊重学生的自我发展和学习兴趣，不可以将自己的教学理念强行灌输给学生。可以允许学生将自己的兴趣爱好与学习相融合，过分的规范学生也是一种教学的陋习。马克思在《资本论》中对人的发展认为，人的先天和后天的各种才能和志趣，是道德和审美能力充分发展的又一个领域，并把其称为"真正自由的王国"。

3. 人本主义评价观的影响与启示

人本主义的评价观使用了多水平的评价体系，更加使学生能够看到自身处在一个是否有进步的水平中，人本主义评价观认为，用测验成绩的记录表明学生学业等级作为绝对标准，有利于选拔优秀生，淘汰差生，对教师了解学生的差异情况也是有利的；但易使差生破罐破摔，偏离学校教育的目的。实行多种水平评价可改变这一现象，从某种程度上讲多种水平评价不仅使优秀学生看到自己的潜力，也可以使差生发现自己有进步，以便不断向标准靠近。同时可激发家长配合学校做必要的鼓励和帮助。符合了教育评价的目的是促进学生的发展。正如心理学研究指出，被证明失败的学业评价不但不能激发学生努力，只会强化这种不良后果的再度发生。这是违背基本规律和因材施教的原则的。

在19世纪到20世纪的教育思潮中，最后需要指出的是，人本主义价值观所反映的，是人们站在不同的立场上对教育的不同看法。从19世纪中叶一直到现在，造就"完整健全的人"与"满足社会的需要"这两种课程教学价值取向一直处于矛盾。教育在当代社会受到重视的最根本原因，是它对社会发展尤其是经济发展所具有的巨大的促进作用。因此，社会本位的价值取向大行其道并不令人感到意外。但是任何事情都有一个限度，为追求经济发展而忽视学科的自身逻辑，并且在教育中日益压抑人性的发展激起人们的反思。人本主义价值观的出现，提醒人们开始重新重视课程的学术价值与教育的人文价值是历史必然的反映。在课程教学价值取向问题上，高校体育教师走过的弯路太多了。

当今天人本主义教育理论已成为国际发达国家基础教育课程改革的主旋律，主体教育、全纳教育已经成了现代课程教学价值取向演变的趋势。正如我国《基础教育课程改革纲要（试行）》明确提出："改变课程评价过分强调甄别与选拔的功能，发挥评价促进学生发展、教师提高和改进教学实践的功能。"但人本主义教育过于推崇自我学习，间接否定教师的主体作用，遗忘了学生的知识是在教师引导下形成与掌握的。学习若失去了教师，也就失去了教育的本质，失去了学生发展的内在依据，因此是不足的，应坚决反对。

第三节　体育学习方法的选择与运用

针对知识时代，美国著名未来学家阿尔温·托夫勒深刻洞见地指出，"未来的文盲不再是目不识丁的人，而是那些没有学会怎样学习的人"。国外学者这一全新教育观的指出，"学会学习"不只是一种教育观念，也是一种方法论和认识论的命题。梳理出体育教学，要由教的方法走向与学的方法联姻，使学习者由传统学习方式——知识的被动接受者，转变为知识意义的主动建构者。因而，教会学生学习的方法，学会学以致用就成为体育学法的目的。正如联合国教科文组织教育发展委员会在《学会生存——将于世界的今天和明天》报告中指出的那样："教育应较少致力于传递和储存知识，而应努力寻求获得知识的方法（学会如何学习）。"

正是在这样的时代文化背景下，体育学习方法的选择与运用，在认知主义、行为主义、建构主义、人本主义的不同优势劣势的比较之下，解析体育学法的构成与组织，概括总结其实施与策略，提出理论范式。为促进体育教与学方法的建设开辟活水，为教师在教学形态选择与运用、重组或再造提供启示认知；为教师联盟 21 世纪体育新课堂教学方法的设计，提供完备的理论支撑；因而对其发掘探析，这无疑是重要的，也是十分必要的。

一、影响与制约体育学法的要素

（一）对体育学法的本质认识不清

21 世纪的变革，不仅广泛而深刻地改变着高校体育教师的生产方式、生活方式、工作方式，也深刻地改变着高校体育教师的学习方式。从影响体育学法问题的角度分析，体育学法问题的产生，既有时代认识思想的逻辑演绎存在，也有体育教学自身方法论体系的不完善。正如学者张笛梅深刻地指出，学者易言释义出，受过去时代发展的制约，高校体育教师在理论上只是单一地以感觉论为基础阐述掌握知识的过程。把探索如何有效地教作为教学法则，没有建立如何使学习者学会学习的理论与方法。没有说明教与学两者之间的共量、可通约的共相与殊相运用统一的理解和阐述。换言之，此种现象表明，高校体育教师只发挥了教师的主导作用和教师的教学智慧，没有发挥学习者学习的主动性和学习智慧的力量，因而它是不完善的。对此学者于素梅的调查指出，目前教育学和体育学的专家，对学法的专门研究还很缺乏，其研究还处于起步的阶段。因而，导致发生对体育学法的本质认识不清、体育教法与学法的构成与组织不清，缺乏体育学法理论的指导，影响与制约了终身体育的培养与实施。

置身于人类社会的发展来看，以教为主的教学范式，已不能适应 21 世纪的知识化、信息化发展的要求，使学习者"学会学习"已成为当代人类学习的新特点。正如联合国教科文组织在《教育——财富蕴藏其中》一书中指出，学会学习是 21 世纪人类生存和发展的必要条件。为此，解剖体育学法存在的问题，鉴别与破译影响体育学法的要素，使体育学习活动顺应社会发展的步伐就成为必要。

（二）缺乏体育学法理论的指导，致使体育学法的构成与分化不清

在行为主义理论、认知主义理论、建构主义理论、人本主义理论已经成形的时代背景下，体育教学的关键点都被认为是"学会学习"，心理学研究证明，行为是认识的反映。认识是判断定势，选择方法的依据，决定人对事物的看法与行为方式的反映。以此观点审视我国已出版的学校体育教学、教学论与体育教学论。我国学者对教法的认识比较深刻完整，形成了独立的范式与范畴。而对学法的研究论述甚少，没有形成应遵循的理论范式与明晰独立的科学范畴。即使有些论述也局限于意义性的描述，缺乏以学法实践语境为设计的逻辑、结构与方法的明确指导，致使教法与学法的结合上未能有机交融，致使体育学法的构成与分化不清，导致形成"只讲教不管学"现象不断蔓延，影响了新课程学会学习的教学实施。因而对此进行研究，已成为亟待解决的问题。正如有学者指出，教材中内隐的认知框架，影响着教师教学策略的筹划与教学方法的完善。

在以"学会学习"的时代导向之下，也从上述我国学者对学法的研究与论述中，可以发现对教学理论的研究与认识，已演绎形成比较完整的科学体系。但对体育学法的各要素关系、不同条件和环境、组织方式和展开形式的一般规律，尚无确凿的认识提出。这一认识落差，影响与制约了体育学法的构建，难以适应时代对学会学习的要求，难以为体育新课程的逐渐实施提供支撑。敦促高校体育教师，今后不仅要正确处理好教与学的关系，还要从不同角度进一步认识和解释出学法的现象与规律才是可为的。可以说，这是高校体育教师、每一名从事体育教学的工作者应该深入探索和研究的课题。

二、体育学法的结构和要素

（一）体育学法的界说

对于体育教育中体育学法的界定释义里，学者吴也显指出，什么是"学法"，学法是学生完成学习任务的手段或途径。从认识论讲，它是指在教师指导下，学习者获得经验方法的总和。从方法论讲，学法即指导学生学会学习，或者说是教育者指导学习者，对学习方法进行的一种反馈与监控。因而释义出，体育学法即学生完成体育学习任务的手段或途径，是一种有意识地规领学习者主动学习状态

发生的认知策略，是指导学习者由学会知识走向学会学习的方法。根据加涅的学习内部条件与外部条件的分类，体育学法的结构可由学习价值观的表述、学习方法的指导两部分构成。前者可由知识认知和学习意义建构等组成，如"为学习而设计""为理解而教""学习自由度"等。后者可分为定向引导阶段、理解应用阶段、领会创新阶段。沿着这一理解，体育学法的要素一般含有下列方面：预习发现、寻疑问难、边练边思、自我检验、自我校正、理解应用、意义建构等。正如现代教学理论认为，学法是一个在教师引导下，学生主动参与、独立思考、自主发现和不断创新的过程，而不是简单、被动地接受教师和教材提供的现成观点与结论。诚如古罗马教育家普鲁塔克所言，儿童的心灵不是一个需要填满的罐子，而是一颗需要点燃的火种。因而，在课堂教学中，体育学法是推动"学会学习"的依托，是实现"学会学习""学会认知""学会做事"的根本方法。促使学习者实现，一是主动接受；二是自主发现；三是通过意义建构的途径和方向指引，帮助学生由学习的必然王国走向自由王国的生成与转换。

（二）体育学法的分类

在我国的体育教育理论的划分中，体育学法的分类集合了新课程，由经验得出，学法分类的构建，应从学习者主体素质两个方面着力。

一是从学习者的心理品质寻绎。诸如学习者的兴趣、动机等情感因素去寻找学法的分类。

二是从学习者原有的文化水平、学习行为习惯寻绎。

诸如已有的认知结构、思维能力等认知方面的因素，去寻找学法的分类。因为，这些因素往往积淀为一种心理定式，影响着学生学法的唤醒。教学经验证明，这两点在意义建构体育学习方法中尤其重要。诚如鲍尔诺夫认为：学习唤醒，可使主体的人在灵魂震颤的瞬间，感受到一种从未体味过的内在敞亮。他会因主体性的充分张扬而获得一次心灵的解放，他的自我意识也会随之空前地增加。处于唤醒状态的学生，其智慧和心灵都闪烁着不寻常的光亮。也如布卢姆认为，只要能找到帮助每个学生学习的方法，那么从理论上说，所有的学生都能学会掌握。据此认为，上述对学法的研究与论述，可敦促高校体育教师从不同角度，进一步认识学法的现象与规律，正确处理好教与学的关系。因而，对其探索和研究是必要的。

三、体育学习内容的学法组织与运用

我国体育教学理论的新的分类和学法的探讨中，注重了学习环境的适配情况，以及由内而外的知识意义的建构模式。有效学习成为"学会学习"的一大特征。心理学研究证明，学习主动性来自学习环境的情境适配与知识意义的建构。这一命题指出，学习过程存有学习者与学习内容策略设计、学习环境策略设计的有机匹配问题。正如建构主义认为，情境、协作、对话和意义建构，是构成有效学习的四大支柱。这些视角指出学习的成功不仅靠智商还要靠情商，有效学法的实施取决于"知、情、意、行"的发生。基于这一理解，高校体育教师认为指导学习内容的体育学法设计应在以下方面下功夫。

（一）从学习内容的设计着手

其一，我国体育教学理论的学法建构重视学习内容的深度、难度与学习活动适配性的安排。指向完成什么学习任务，达成什么教学目标。

其二，我国体育教学理论的学法建构中重视学习活动内容的顺序性和进度性的安排。场地、时间、器材等能否符合学习者的学习要求，达成有效学习的展开。

其三，我国体育教学理论的学法建构中重视学习活动的差异性的设计安排，即重视是否具有多元性、多样性、多层性等知识意义建构的发生，是否符合不同学习者的能力、条件、性格，达成有效学习的展开。

其四，我国体育教学理论的学法建构中重视学习活动的行动和效果的设计安排。能否引起生生互动、师生互动等合作学习的发生？能否为参与的学生提供成绩考察和奖励，即达成懂、会、乐。因为这些特点的重要性是它能够感染、引发、激励学习者的情感，并产生良好的自主学习行为，保障学习活动持续深入。

（二）从学习过程的指导着手

体育教学过程中，学生学会学习的过程比获得知识显得更加重要。联合国教科文组织提出，学会学习是 21 世纪人类学习的特点。这一命题指出，形成一种独立的学习方法，要比获得知识更重要。因而释义出，学习者学会学习的方法是教学策略制订的最重要标识。阶梯发展论认为，客观事物的发展都有一个明晰的阶段划分过程。为此，从内涵和外延两个方面来看，指导学习者学会学习，需经由自身的习得和后天的教化两个阶段而成。其实现需要两个基本条件，一是外显学习（形成经验）。通过不同学习条件的习得与运用，完成"实践—认识—再实践—再认识"的新旧经验的循环与深化。教师要遵循由量变到质变的规律完成这一循环和认识。分阶段设计不同的环境和条件，逐段策划学生实践学习中运用知识、经验和智慧，形成学会学习的方法。二是内隐学习（养成学习习惯）。人类学习不仅有动物王国认识世界的自然性模仿，还存有抽象反思自我能动改造世界的属性。因而，可通过意向性学习的能动建构，缩短自然学习的时间，进入飞跃阶段。学习实践证明，学习者通过自我意向性学习的总结与领会，可促进学习者学会学习的方法，步入精神境界进入内隐学习，不受外界环境的影响与条件的干扰，可自主自觉地监控自己学习。即唯物辩证法说的否定之否定，获得学习的能力。为此，指导学习过程的学法组织与运用，有以下学法供选择。

学习过程的方式中，高校体育教师从体育学法策略中可以看出，其方式存有布鲁纳的发现式，不直接提供学习内容，让学习者自己领会发现消化学习内容。奥苏伯尔的接受式，把学习内容直接呈现给学习者，让其吸收内化。斯金纳的程序式，把教材系统条理化，让学习者按进程学习。布鲁姆的掌握式，在集体教学后，根据不同学习者知识掌握的程度，然后在施以超前学习、扩大学习、补救学习等安排。需要注意的是，在其应用过程中，不存在先进方法与落后方法之分。它们之间尽管存有差异，不同方法有自我"供求"的指向与衍生的运行机理。但从学习的目的以及聚合效应来看，存有互补的关系，具有密不可分统一的特征，对其的选择与运用，不能陷入二律背反非此即彼的泥淖。如外显学习与内隐学习两种教学设计，都有其教学结构特点，虽然它们是不可相互替代的，各有其教学方法的共同点。但应根据其学习的不同阶段，灵活选择方法的应用才是可为的。正如巴班斯基曾说，"教学的方法和形式具有一定相互补偿性，因而同一种任务可能借用不同的方法和形式来解决"。

在学习内容的适配性和学习过程的调节性的基础上，要求在学法教学方式的设计上要体现出以下特点。

其一，学习过程的交往性。现代教育理念指出，师生互动、生生互动等，多向交往教学方式的学习效果最好。因而，学法的方式设计，既要重视学习者自身学习信息的获得，也要考虑学习者之间信息的转化加工的反馈联系。

其二，学习内容的多层性。因材施教原则告诉高校体育教师，学习者之间存有学习能力的"不平等"。每个学生都有自己的学习领域，有自己的学习类型和认知风格。只要根据学生的喜好去教学，有意义的学习就能发生，学生终身体育的行为就可能养成。因此，学法的方式设计必须面向学习者的差别，施以多层的个性化学习选择。让不同质的学生都能得到学习的收获和满足。

其三，学习内容的信息性。奥苏伯尔从学生知识学习的过程、结果和有效学习条件进行研究，提出有意义学习与机械学习分类、直接学习与间接学习的方式。要求高校体育教师根据学习表征的特点施以设计，方可取得有效的学习发生。学法的方式组成既要有间接的接受式学习方式，也要有直接的发现式学习方式，还要有独立的自主发现式学习方式才是可为的。因而，学习的过程不仅有老师教学生学的过程，也要有学生之间的合作学习过程，还要有学生自主学习的领会过程才是可为的。

在综合了交往性、多层性和信息性的学习法特征的情况下，"学会学习成为一种学习能力"体育学法的目的就是使学习者学会学习。什么叫学会学习？苏霍姆林斯基指出，学校面临的主要任务，首先是教会孩子学习。通过具体的学习方法就能够转化为一定的学习能力。既提高学生学习的积极性和科学性，又能达到促进学生举一反三的目的。

体育教学理论中的以学生为中心，以"学会学习"为目的，正如体育学法要素的构成指出，①学习需要、动机、兴趣、毅力、情绪等非智力因素的指导，主要是解决学习目的和学习动力问题；②学习过程各环节及其方法的指导，主要解决学习方法问题；③学习能力的指导，主要解决学习习惯的问题。因而，高校体育教师认为指导学习过程的学法运用与安排有以下方面，供参考借鉴。

第一，解决学习目的和学习动力有以下方式体现学习需要、动机、兴趣、毅力、情绪等非智力因素的指导。提高学习的元认识，了解学会学习的意义、特点与策略，才能建立学会学习的认知与方法。正如心理学研究证明，行为是意识的反映。学习策略不是先天具有的，是在具体的学习过程中形成的。因而，学习策略在一定程度上讲，是一种学习技巧、学习习惯和学习情感体验的养成，它是内化学习者学会学习的基础。

第二，解决学习方法的选择与运用有以下方式体现学习过程各环节及其方法的指导。①建立学习策略。学习指导经验证明，根据学习内容的特点正确选择和使用学习方法，建立学习策略至关重要。如果学习方法不能与学习内容和个体学习的心理特点相匹配，实现学习的目的就会很困难。②学会评价学习策略。相关研究指出，建立学习策略是低水平的认知策略，只有学会对自己学习的活动进行评价和监控，主动调节影响与制约自我学习活动的相关因素，才是真正的学会学习。正如美国学者J.日耳曼所说，如果学习者能够学会评价和监控自己的学习进程，那么他就可以成为一个"聪明的学习者"。

第三，解决学习能力的运用方式体现学习能力的指导。学会比较总结。使学习者通过对自己学习经验的总结，就能知道成功在哪里，失败在哪里。逐步提高自己学习能力和水平，走入学会学习，形成学习策略。如通过与他人进行学习方法的交流取长补短，做到有自知之明，提高自主学习的自觉性，形成适合于自己的学习特点。

第四章　体育教学模式的构建与策略研究

体育教学模式是设计组织和调控体育教学活动的一整套方法论体系，它以一种成熟的理论来指导实践，又以成熟的经验来丰富理论，它是沟通理论与实践的桥梁。目前有关于体育教学模式的理论与实践研究非常活跃，并呈现了多元的体育教学模式。本章将阐述体育教学模式、体育教学组织形式、体育教学模式的分类与选用策略研究。

第一节　体育教育机制理论

一、体育教育机制研究的展开和影响

（一）体育教育机制研究的展开

体育教育机制包括不同的环节。中华人民共和国成立之后，分析借鉴苏联的教育理论，我国教学理论将整个教学过程划分为认知、体会、掌握、运用四个基本阶段，投入到体育教育中就是按照学习运动技能的步骤开展体育教学工作，具体来讲分为初步的热身准备运动、基础的技能练习及结尾的讲评，因此被称为三步教学法。这种教学方法能够发挥教师的主导作用，有利于学生掌握运动技能，增强体质。因此，这种教学过方式沿用了很长一段时间，形成了一种固定的教育模式，这就是我们常说的传统的体育教学模式。

我国的体育教学理念、教学模式及步骤的研究在 20 世纪 70 年代末至 80 年代初非常活跃，最终形成了体育教学机制研究蓬勃开展的局势。随着体育教育的不断改进和完善，越来越多的学者开始对体育教学机制进行探索，在教育前线，广大体育教师贯彻落实独特的体育教学理念，从当前体育教学存在的问题出发，不断总结经验，摸索出更科学合理的教学方式，建立各种新型教学模式。

（二）体育教学模式研究带来的深远影响

1. 推动体育教学改革

目前，体育教学改革的兴起明确了体育教学的目标，即培养良好的身体素质。然而，体育教学的内容、方式等尚不明朗。在这种情况下，体育教学模式的研究为教学内容、教材等问题指明了方向，自上而下地发挥着引导作用，因此，有关体育教学模式的研究有助于推动体育教学改革，其重要性不容忽视。

2. 易化体育教学

现代体育教学理论中，建立教育模式是一种常见的方式，这种模式注重事物的本质，而忽略零碎的部分。由于具有这一特点，体育教学模式的研究有助于使复杂的体育教学步骤简单化，排斥不必要的因素，便于高校体育教师总结教学经验。

3. 促进体育理论与实践融为一体

在体育理论与体育教学实践之间，体育教学模式使二者得到了体现的平台。体育教学模式的建议包含多方面的教学因素，如教育理念、教学设计等有关问题。从现代体育教学理论来看，建立完善的体育教学模式有助于高校体育教师实时掌握体育教学过程中的问题，发现各部分间的联系；从实际效果上讲，体育教学模式是体育教学理论的产物，也是多年教育经验的汇总，它将理念和实际联系起来，使无形的理论有形化，加深人们的认知。

4. 调动体育教师的积极性

体育教师需要不断摸索更加科学的体育教学模式。一线体育教师负责体育教学课程的设计，即教学模式的核心所在。教师按照教学理念完善教学方式和步骤，实质上就是对教学模式的研究，因此，建立科学合理的教学模式是体育教师最基本的工作。

二、体育教学机制的内涵

在《教育机制化》一书中，美利坚合众国教育者乔尹斯（Joyce）和韦尔（Weil）认为：“教学模式是构成课程和课业、选择教材、揭示教师活动的一种范式或计划。"之后，国内外的诸多学者明确指出了体育教学机制的内涵。该书归纳总结了各种有关体育教学模式的定义，得出以下具体的阐释。

（1）所有的体育教学机制都是在体育教学理念的基础上建立的。

（2）建立体育教学模式最主要的是设计独特的教学步骤和方式。

（3）不同的课程设计决定了各体育教学模式的不同。

（4）教学模式的基础单位是教学元，其次是教学课。

有了《教学模式化》（Model of Teaching）一书的理论支撑，高校体育教师阐释了体育教学模式的具体内涵。

体育教学模式内涵主要包括三个方面，即教学理念、教学设计及有关教学方法制度的制定，三者相辅相成。教学理念相当于中枢神经系统，从整体上进行调控和引导，这表明教学模式具有一定的理论保障，教学设计是教学模式的框架，确保教学模式的稳定；教学方法是教学模式的内在，反映出教学模式具有一定的实际性。

体育教学模式受体育教学理念的调控，举例来说，"发现式教学模式"提倡启发学生思考问题，发展学生认知能力是这个教学模式的指导思想。这一指导思想决定了这个教学模式的性质、研究方法和效果评价；要以这一理念为基础，设计一个学生能够自主提出并探索问题的课程，即"提出问题—猜想与假设—小组探讨—解决问题"的教学流程，该流程由各课程组成。高校体育教师需要活跃教学气氛，如暗示答案线索等，为学生创造交流合作的空间。

教学模式的完整性体现在，实现了以上的三个教学方面标志着教学模式的初步形成。换句话说，只有具备了体育教学理念的中枢神经、框架及具体内在，才能实现体育教学模式的创建。

三、体育教学机制的本质和特点

（一）体育教学机制的基本特点

通过分析总结各体育教学模式建立的经验，概括出体育教学机制的 6 个主要特点，具体包括：具有理论基础、可持续稳定开展、清晰直观、整体优化性、对应性及可评价性。

1. 具有理论基础

体育教学机制必须具有一定的理论基础，即所有客观科学的体育教学模式都必须以一定的教学理论为核心，其实质是一种反映教学理论的教学程序。换句话说，只有具备清楚的理论保障的教学模式，才较为成熟且可靠。因此，体育教学模式对教学理论具有一定的依赖性，这种依赖性转变成教学模式的特点之一。

2. 可持续稳定开展

体育教学模式包含的三个方面指出，体育教育模式具有一个稳定的结构，体育教学模式的创建最主要的是体育教学过程的设计，体育教学模式作为一个系统的结构，必须满足可持续稳定开展的条件。即任何情况下应用该模式，其所具备的主要课程环节总体上类似，不排除特殊情况下产生一定改变。若某个教学模式随使用人和使用时间的变化而变化，这反映出该教学模式不够成熟科学，仍然处于初步建设的阶段。

3. 清晰直观

在不同的体育教学理论思想指导下，形成不同的体育教学模式，一个新生的体育教学模式必然和传统的体育教学模式存在区别，具备了其独特教学优势。若不能带来特别的实际效果，则表明这一模式仍未打破原有模式的限制。独特的教学效果通常体现在课程设计的某个环节上。因此，人们可以通过那些具有代表性的环节判别是否属于某教学模式。除此之外，人们可以通过重置教学环节实现教学的循环利用。

4. 整体优化

根据体育教学模式的三个要素反映出，新生的体育教学模式必然导致教学体系的改变，即以新的教学理念为基础，将教材教学设计、教学方法及教学评价相结合，构成一个全新的系统。因此，体育教学模式的建立有助于优化整体教学设计，提高教学效率。然而，仅能够优化部分的体育教学模式还不够科学客观。

5. 对应性

在体育教学模式的改革中，没有一个体育教学模式具备所有的优势。因此，每一个教学模式都有其适应的范围，包括教材类别、学生类型、学习环境等。各个体育教学模式的特点不同，其对应的范围也会有不同。

6. 可评价性

既然有了体育教学模式，那么相应的教学评价也应运而生。所谓可评价性是指任何一个相对成熟的教学模式确定，必有着与其整个过程相应的评价方法体系。对体育教学模式的整体性评价，既体现教学模式的教学价值观，也体现体育教学组织过程的可行性。因此，任何一个教学模式都应可以对实施这个教学模式的教师给予明确的教学评价，这不仅仅是对该教师对教学模式理解程度的评价，也是对教师参与、认识和学习能力进行的评价。

（二）体育教学模式与其他教学因素的内在联系及本质区别

1. 体育教学模式与教学理论的联系及区别

体育教学模式的三个要素反映出体育教学模式与教学理论间有着紧密的联系，但其实质并不相同。具体来说，一种体育教学理论会引导一个教学模式的建立，不排除出现一对多或多对一的情况。但任何情况下，教学理论都是教学模式的具象化。例如，提倡学生自主提出并探讨问题的教学理念必然引导自主式教学模式的建立，且一定包含提出问题、猜想与讨论等环节设计。这些能够充分调动学生自主学习的积极性。教学思想和教学模式相辅相成。

2. 体育教学模式与教学目标的关系及差别

教学模式的内涵和教学目标的内涵存在一定的联系，但仍有区别。教学模式以实现教学目标为第一准则。相反的，完成教学目标不一定建立了新的体育教学模式。教学模式通过其具备的功能，有助于某一教学目标的实现，然而，一个教学目标无法影响课程的设计，除此之外，一个教学目标可以通过多个模式实现。综上所说，教学目标的实现并不代表教学模式的建立，如"培养运动技能的教学模式"。

3. 体育教学模式与教学方法的关系及差别

体育教学模式是一种方式，其隶属于教学方法，但与教学技术和手段不同的是，教学模式是教学方法的核心。

体育教学模式的构建需要稳定的教学结构和独特的教学方法相结合，换句话说，体育教学方法是体育教学模式的重要组成部分，其不等价于体育教学模式，和体育教学模式是包含关系。一个或多个的教学方法的改变不会对教学模式产生太大的影响，更不会塑造出新的教学模式。例如，一个体育教师改变了原有的提问方法，并不代表其建立了新的教学模式。

4. 体育教学模式与教学小组的关系和差别

教学小组是体育教学模式的实体，从某种个意义上讲，体育教学模式也是一种体育教学组织方法，但仍存在根本差别。通常提到的教学组织是指体育课的课程环节，分为课堂规范、分组活动等，是一种通用的教学组织；而体育教学模式是在特定的教学理论的基础上，改进完善课程设计，然而，改进一节课并不代表新的体育教学模式的产生。

5. 体育教学模式与教学风格的关系及差别

体育教学模式的群体性是其主要特点之一。体育教学风格不等于教学模式。教学风格反映了教师个体的教学特色，如"王老师的教学风格怎样怎样"，而教学模式具有群体性，如"自主式教学模式"，它能够表现出特定的教学理念；教学风格通常由个人的人格魅力决定，与语言表述、生长环境等相关，其他人无法模仿。而教学模式则是对课程设计进行改进和完善，如讨论方法、评价方法等。教师间可相互借鉴。另外，不同的教师使用同种教学模式会产生不同的教学风格，一个教师也可以采用不同的教学模式进行教学，因此，教学风格不等价于教学模式。

第二节　体育教学组织形式

在体育教学模式的三要素确立之后，对体育教学组织形式研究是体育教学理论研究的重要课题。体育教学组织是指教师根据体育教学特点、教学任务、内容、学生、场地器材、规范等进行合理安排所采取的措施。体育教学组织的内容主要包括体育课堂常规、队列和体操队形的运用、分组教学和场地器材布置。体育教学组织形式是体育教学活动中师生相互作用的结构形式，是联系教师的教和学生的学的纽带。教学组织形式运用的合理与否不仅直接影响着教学过程的速度与规模，而且影响着教学的质量和效果。体育教学组织形式反映的是教学活动中人员、时间和空间的组织和安排，当高校体育教师从教学组织形式的危度来说明一种教学活动时，高校体育教师至少必须从人员、时间和空间等方面来加以考虑，否则就不可能对教学组织形式有全面的了解。

经过多次体育教学改革，从体育教学组织本身的历史发展过程来看，也是从简单到复杂、由单一向多样发展的，如个别教学—班级教学—分组教学—友伴群体教学，等等。但这种发展过程并不意味着后一种形式对前一种形式的否定，而更多的是表现为一种补充和发展。我国的体育教学组织形式最初主要是以自然班组进行集体练习和指导的，后来是在性别分组的前提下按自然小组进行学习，这种组织形式在全国广大的基层学校和农村学校仍占绝大多数。

体能教学中，不同性别的体能表现不同，20世纪70年代后期以来，一些学校开始把同年级的几个班合起来，进行男女生分班按体能上课的形式组织教学，这无疑是一大进步。但是从具体的课堂教学过程来看，上述教学组织形式都是一些最基本的或称为最初的教学分组，这些分组有一个共同的特点，就是固定性。教学的组织形式从教学对象的能力表现特征上来看，大致可归纳为如下两类：同质分组和异质分组。我国目前绝大部分学校都是实行异质分组，而在发展方向上多以同质分组为目标。由于我国目前学校体育条件有限，学生人数多，各地区、各学校的客观条件不一，教师的素质修养不同，教学组织形式可以是多样和灵活的。

众所周知，高等院校实行了体育课程的典型项目选择，在当前，普通高中体育课程也实行选项教学，并已成为主要的教学组织形式。普通高中体育课程选项教学组织形式一般有三种：打破班级界限，同一年级进行选项教学；打破年级界限进行选项教学；班内选项教学。高等学校近些年来逐步实施"双自主"和"三自主"的课程教学组织形式，根据学生的需要，自主选择任课教师、自主选择运动项目和时间。这些改革的目的在于调动学生学习的积极性和主动性。

体育教学模式的教学方式选择中，体育教学采用什么样的教学组织形式并非仅受客观因素制约，还受一定的主观因素制约，主观因素的影响表现在体育教师对多种可以采用的教学组织形式进行抉择，也表现在对原有的体育教学组织形式进行目的性的糅合、改造和创新。

体育教学组织形式的研究，是体育教学模式的深入发展。体育教学组织形式的研究领域颇多，体育教学组织形式有何特点；各种体育教学组织形式的相互关系是什么；制约体育教学组织形式的因素有哪些；如何选择和运用体育教学组织形式；如何提高体育教学组织形式的有效性；现代体育教学组织形式的发展趋势是什么；如此等等，在下面的内容中会有具体的讨论。

一、关于现代体育教学组织形式的研究

（一）有关体育组织形式的简介

学校对于体育这门课程给予很大的重视，而体育教学的形式也可以采取多元化。其中体育教学组织形式是围绕教学内容而形成的。其中可以分为个别或群体。比如展现各种技巧性技能为主要教学内容的可以分别教学，进行单一教学，但是集体活动为基础的就要采取集体全班教学体育形式，包括师生互相作用的方式。可以是间接的，也可以是直接的，可以分为小组，也可以整体进行教学。在体育教学中，体育老师会规范学生的动作标准，帮助他们用正确的姿态和热身方式来进行教学，减少了不必要的身体损耗。这样就确定了体育教学的活动内容，从而遵循各种互动方式进行师生之间的交流，有效地将体育教学组织更加形象化、具体化，从学生的自身利益出发，为辅导学生自身身体素质为主要目的，而进行的一项体育教学活动。

（二）进行体育教学的形式特点

1. 体育教学的立体性

体育教学的组织形式会对一个体育课进行有机的划分和安排，从而辅导学生进行体育活动。这要将活动中的人员时间和空间进行合理的安排和组织，这才形成了多元的教学组织形式。而这些因素则是构成体育形式的必要因素。进行分组教学则是将注重于技巧性方面的活动。在课堂上的集体教学则是较为普遍的体育活动。在时间上会采取活动的限制或者是地点的不同，都构成了体育教学组织形式多样性的基础，这样会有效地促进体育的教学。

2. 体育教学的丰富性

根据学生自身特点和活动内容，体育教学的形式产生了多种多样的变化，简单的、复杂的，单一的、多项的，个体教学或集体教学等，逐渐出现在体育课之中，而这是一种顺应时代发展的表现，也是体育教学改革的丰富成果。这些多元的体育教学形式与当今的教育方向和改革目标有众多的联系，与教学目的共同发展。同样这些组织形式也成了制约的因素。教学的对象、内容和目标三者相辅相成，从而促进了体育的教学。研究人员更有利于将体育的内部结构加以剖析，从而从更加科学、具体、深刻的角度研究体育教学的丰富形式，为发展新的变革和计划做出基础贡献。

3. 基本组织形式——以班级为单位的教学

以上探讨了很多组织形式的产生意义和特点，而其中最基本的教学形式还是要以班级为单位进行的教学。这种教学形式是以教学空间的组织性为基础的，对体育教学实践有非常大的影响。其中班级为单位的教学形式本身所具有的特点，更是其他组织形式所没有的。从改革开放时这种教学就一直延续至今，仍然活跃在体育课的教学里。但是有很多班级教学制的限制因素也阻碍了这种基本形势的发展。只有摒弃了以往的教学陋习，才可以与其他的教学形式相辅相成、共同进步，促进体育教学形式的进一步发展。

二、教学组织形式的变化史

教学形式本是与教学教材相辅相成的一种教学模式。在师生之间、学生之间都是一种基础的学习状态。

在教学中教材和学习任务组成了学习课堂的基础，而且将这三者相互结合就可促进学生的学习。在安排具体的学习过程中要注重对组织形式的重视，有效的课堂组织形式可以提高学习效率，使整个学习过程更加高效，快速地完成课堂所布置的教学任务。

在以前我国主要注重以集体教学为主的教学形式，而现在随着时代的发展，学生的自身需求也产生了差异性。所以新兴的一种翻转课堂形式便悄然步入学校中。这种课堂模式主要注重的是建立学习小组，把成绩较为优异的学生和中等以及偏下的学生分在一个学习兴趣小组中，互相促进学习、监督学习，也可发展乐于助人的精神品质。随后这种课堂模式便广泛应用于现代的教学之中。

教学形式是将老师和学生相联系起来的桥梁，具有一定的教学目的、内容和客观条件，促进课堂教学。这种教学过程的结构以及功能都有着决定性作用，从而决定了学生在认知活动中所具有的积极程度和受益程度，对整个教学系统产生非常大的作用影响。所以教学组织形式是教学改革的重要环节，在我国的教育发展体系当中，这仍然是值得重视的问题。将信息化、网络化、全球化应用于课堂之中也具有不可忽略的现实意义。

随着现代经济全球化的发展，互联网与数字化媒体逐渐走入课堂中。一些网络课程也取得了较好的教学效果，其中由美国所研发的翻转课堂教学模式，也逐渐步入中国。这是在 2007 年时美国的化学老师将网络与教学相融合，从而产生的一种教学模式。这种模式本是在美国盛行，后来由于高效的学习成果，逐渐引入其他国家，是一种在现代教育技术影响下所产生的教学革命，也是一种新兴的教学成果。而我国也逐渐步入翻转课堂的行列中。

在传统的以班级为单位的授课形式里，数字媒体的应用使其注入新的血液，随着时代的发展和课程的改革，人们开始意识到了班级授课的局限性。所以很多老师和教育学家便采取各种措施进行改革，将新的理论和经验注入，从而完善授课制度。而将原本一个班有六七十人的课堂缩小到三四十人，使每一个学生尽量受到老师的关注，以小班教学的模式克服了许多困难。

现在也更加注重分组教学，这种教学模式是以因材施教为目的的教学方式，充分发挥了学生的学习潜力和个性。这种分组教学模式，从内外两部分进行教学。按照学生的能力或成绩进行编组。在分组教学内部之中，是以班级授课为基础的。由于学生能力或成绩的不同而产生的小组，意在通过小组成员之间进行合作，来整体促进学习成绩。

正是教学的丰富形式才造就了当今这些成功的教学成果。

三、影响教学组织形式的负面因素

教学组织形式对于整体的教学过程有非常重要的影响。而其中对教学组织形式的制约因素也阻碍着它的进步发展，虽然很多国家都是以班级为单位进行授课的。而其他也有很多教学形式，为何会采用以班级为授课单位而进行的基本教学形式呢？这也是很多人所研究的重点。其中教学组织的制约因素受到主观和客观两大因素的影响，客观因素包含社会的改革、学校的设备和政策的方针，以及师生特点的不同，从而影响着形式变化。

社会的变革是改革开放进入到现代社会而采取的班级授课制度的主要因素，在古代，教学是以个体教学为主要的组织形式的。当今由于全球经济发展的市场化和一体化发展，从而产生了更加多样化、综合化的信息数据，采取班级授课可以更加高效，而且全面地进行教学，这种形式所带来的优势是其他形式无法比较的。而且学校的教学措施和设备也影响着教学的形式，其中仪器设备、教学用具和研究设备，以及图书馆的资料等都对教学形式产生非常大的影响。除此之外，教学形式也受到教学内容的制约，教学形式的不同可以使认知发展方向和技能熟练程度，以及价值观念的发展有着不同的影响，学科的性质和组织性也有不同，师生差异也在不同程度上影响着组织形式，其中，老师和学生的数量问题和学生与学生之间的问题影响着教学模式。学生数量较少，相处异性较小，将程度差不多的学生分在一个班级，有利于提高集体教学成果。如果学生差异较大，则建议采取个别教学的模式。对于主观因素则是人们对于理论学科的认知程度，学校组织的形式和构建活动，有利于形成平等的社会结构组织教学形式，体现出教育的功能，在社会上可以起到分化培养的作用。因此，学校才会重视采取有效的促进人才成长的教学组织形式。以下会更加详细地解释不同因素的影响作用。

（一）客观因素的影响作用

1. 老师与学生的数量差异

在教学中所采取的教学组织形式被老师和学生数量的差异所影响，如果学校的学生较少，而老师较为充裕，则可以采取个别教学的形式，这样会高效地促进学生学习。但是如果情况相反，老师的数量少于学生且数量差异较大，则要采取集体教学形式。这是根据学校的现有情况而决定的，不可一概而论，要根据自身特点采取不同的教学形式。

2. 学校具备的教学设施

影响教学组织形式的一大重要因素，还与学校所提供的教学设施有关。学校的图书馆、研究设备或是网络媒体等对所采取的形式有重要的影响。如果这些设施的数量和质量都比较高层次，则对于教学会有更大的帮助，也会有利于学校采取教学形式，而学生的成绩也会有所不同。所以学校的体育场地以及体育设施会对学校的体育课有重要的影响。

3. 体育课的内容和实质

体育课所注重的是体育项目，而教学任务和内容则是体育老师必要完成的教学目的。只有这样教学的性质才能体现教学的内容，从而促进体育课的进步。

（二）主观因素的影响作用

1. 体育教学的认知性

所有的理论知识都是进行一项学科的必要基础，而体育教学理论也是决定体育教学组织形式的重要因素，从传统思想上来讲，传统的授课班制对于现代教学有很大的选择作用，一开始是强调老师的主体地位，学生只能被指导，现代的改革教育，开始以学生为主体，老师要配合学生进行计划教学，针对个性教学，只有这样体育教学才会产生高效的学习模式。

2. 体育教学的有效策略

采取有效的体育教学策略也是对于体育老师一个重要的考验，能否达到体育课的目标，完全取决于所采用的策略。积极地制定策略、实施策略才可以将体育课的内容得以实现。

3. 加强体育教师的眼光和改革意识

随着时代的进步，体育这门学科也要有相应的改革，这就要求体育老师拥有更开阔的视野和改革意识，在老师之间善于交流、借鉴，互相促进，反思自我，拥有教学改革意识，将保守的观念向灵活转变。开放体育思想和教学方式，将教学进行改革，使体育这门学科得到进一步的发展。

四、有关体育教学组织形式的策略方针

（一）自然班授课

自然班授课模式也分为随机分组，意思就是在开学初系统将学生随机分为一个班进行学习。这种授课模式受到了很大的局限性，针对性和教学性的授课效果都非常不理想。所以这种自然班授课模式，现在基本很少采用。

（二）分性别授课

由于现在更加重视男生与女生之间的心理差异，所以会针对性地进行根据性别进行分组，男生更加刚健，女生相对柔弱一些，所以这种比自然班授课模式更加有优势，这种模式称为分性别授课模式。这种模式可以根据学校的教学情况做出改革，灵活应用于小学、初中及高中的授课模式之中。

（三）根据健康情况授课

由于学生之间的身体素质不同，健康情况也有所不同，对于一些先天就有疾病的学生可以采取少量运动，而身体素质较为好的学生可以给予更多的活动项目。这种授课模式针对性较强，且不受教材设备的限制。但是对于健康的标准，要区分得十分清晰，这样才能真正意义上做到根据健康情况分组。

（四）根据体能情况授课

根据体能情况授课，意思是说根据学生之间的身体素质差异以及运动能力的大小。判断出学生的体能性质，从而进行分组。这种也是更加有针对性的授课模

式。这不仅使体能较好的学生得到更多的体育项目，体能较差的学生，可以针对性的减少活动，且可以根据学校情况随时进行分组，不受地域和教学教材的因素影响。

（五）根据技术情况授课

学生之间会产生成绩的优差，则学生完成动作的标准程度也会有所差异，因此产生了技术分组。可以分为临时分组和固定分组以及晋升分组等。临时分组是由动作优美，较为标准的学生而组成的，而固定分组是在临时分组的基础上建立的。这种固定分组在成员完成更多标准动作之后可以列入晋升分组，这种分组对学生动作的提升有相对的促进影响。

（六）根据教学目的授课

老师会根据不同的教学目的而采取不同的分组，有的是以健康情况为目的而采取的健康分组，而其他则可以根据性别或是体能以及技术进行分组，这样有利于调动学生积极地进行学习和锻炼，也促进了学生对于体育课的兴趣。

（七）根据兴趣情况授课

这种兴趣分组，主要是以学生的兴趣爱好和发展方向不同进行分组，针对性更强，有利于培养学生所擅长的项目以及活动方向等。

（八）根据性格情况授课

由于学生之间的性格差异不同，也可以采取不同的分组，可以分为内向组和外向组，而采取的教学模式也可进行针对性地调整。但是这种分组局限性较强，且分组时选择也较为困难，主要是因为无法正确把握每一个学生的具体情况。

（九）根据同学友谊授课

根据同学友谊授课的分组模式则是以小组进行交流合作的教学形式。这种分组可以积极调动学生的参与性，保持学生之间的交流性，促进学生之间的友爱性，使学生在小组之间进行互动，合作发挥各个学生的才能，挖掘内在的潜力，从而促进共同进步。这种分组主要应用于游泳、球类等活动项目之中。

第三节　采取有效体育教学模式的理论研究

一、有关授课方式的归纳

体育教学模式逐渐多元化，根据体育指导思想做出相应的变革。在当今教学模式中，体育这门学科逐渐被人们重视起来，家长和老师以及学校领导也就也都将学生的身体素质列为首位，而这也给体育老师带来了一定的压力负担。无论是从学生的体育运动上，还是心理精神层面都要得到一定的锻炼提升。体育老师要积极从学生的自身发展、各个角度、心理活动等方面进行相对应的教学策略归纳。从提升体育技巧的出发点在延伸到促进学习成绩的途径上，积极制定教学计划，根据学生的自身特点实行相关的体育活动，使学生乐于活动，喜于活动，爱上体育活动。

二、体育教学模式的选择策略

（一）以教材为基础

有了体育理论，才有了体育活动。体育活动都是在此之上才有所建树的，所以对于体育教学思维才是体育教学方式的生命力，以教材为基础，把握住教学的方向，正确引导学生。从事各种体育活动，完成体育任务，从而达到了强身健体的目的。在这个过程里老师所扮演的是辅导性的角色，要根据学生的自身特点，采取相应的教学方案。

（二）以单元教学为目的

在不同的教材中，老师会制定相应的教学内容。根据不同的教学单元会区分成不同的教学部分，从而对学生证进行整体性教学。在比较精细的教学类内容，会有各个项目的学时，从而保证每一个运动项目在一定时间内可以高效而快捷地掌握动作，学习运动技能。因而这种教学单元便是区分教学任务的重要隔墙，从不同的任务安排里学习到动作技能等。这种教学单元在整个素材中起到了分类、总结、归纳的作用，从而提升运动的教学进程。

（三）以外部教学为条件

体育教学主要是以体育活动为基础的，而在进行运动时，会应用到其他器材的辅助，比如足球、排球或是单杠、双杠等，都需要一定的体育器材，设备场所也是不同项目所规定的需求，比如幻灯片、录像等，需要用到现代的多媒体技术。所以教学所涉及的设备是外部教学条件。针对这些各种体育场地及器材进行合理地应用，可以辅助教学进程，提高学习效率，完成学习任务，促进学习进步。

（四）以授课对象为目标

传统的教学方式就是老师在台上讲，学生在台下听课，但改革开放以来，经济以及教育改革都发生了重大变化。以现在的教学模式来说，学生是教学的主体，老师应该围绕学生制定针对性的教学方案。从学生自身特性出发，选择相宜的教材，首先考虑师生的具体情况，从而实施具体的解决方案。

第五章 现代排球理论的演变及创新发展

现代排球是我国较为典型的体育教学项目，本章将梳理排球运动的历史演进、论述排球运动的重要性，进而诠释排球运动的价值，与此同时，阐述排球运动的风格流派及其发展趋向，使读者对排球运动有全面、深入的认知。

第一节 排球运动的起源与创新发展

一、排球运动的起源与传播

排球运动始于 1895 年，创始人是美国马萨诸塞州的霍利沃克城基督教青年会干事威廉·莫根。他在辅导人们进行各种体育锻炼的实践中，体会到不同的对象应采用不同的锻炼方法。当时已流行起来的篮球运动固然很好，但较适合青年人，对年纪大些的人来说则过于剧烈，因此莫根想要选择一种较为柔和、活动量适当的运动来满足人们的需要。

为此，莫根在青年会的体育馆中进行了实验。他把球网架在了 6 英尺（1 英尺＝0.3048 米）6 英寸（1 英寸＝2.54 厘米）的高度上，让人们用篮球胆隔着网来回拍打。篮球胆太轻就改用篮球，篮球又太重，最后制作了与现代篮球相近的、外表是皮制的、内装橡皮球胆的球，圆周为 25～27 英寸，重量为 9～12 盎司（1 盎司＝28.3495 克）。

1896 年，美国开始有了排球比赛。第一部规则也发表在 1896 年 7 月出版的美国《体育》杂志上。最初排球比赛没有人数规定，赛前由双方临时商定，只要双方人数相等即可。很快排球在美国受到各教会、学校和社会的广泛重视，同时也被列为军事体育项目。

排球运动在美国问世后，由美国的传教士和驻外国的军官、士兵带到了世界各地。由于排球运动传入的时间及采用的规则不同，世界各地的排球运动形式也不同。

美国是排球的故乡，因此 6 人制排球传入美洲的时间比较早。1900 年首先传入加拿大，1905 年传入古巴，1912 年传入乌拉圭，1914 年传入墨西哥。

排球传入亚洲的时间也比较早，约在 1900 年，先后传入印度、中国、日本和菲律宾等国。排球传入亚洲后，采用规则与美国排球规则有很多不同之处，经历了 16 人制→12 人制→9 人制→6 人制的演变过程。

欧洲的排球是第一次世界大战时由美国士兵带去的，1917 年最早出现在法国，以后才传到苏联、波兰等国。排球传入欧洲虽晚，但传入的是 6 人制，且竞技性已渐成熟，所以发展较快。

美国虽然是排球的故乡，但长期没有把排球作为一种竞技项目来发展，主要用于休闲和娱乐，所以技术水平发展较慢。

国际排球联合会（简称国际排联）的成立，标志着排球已成为世界性的竞技体育运动。到 1956 年，国际排联的会员国已发展到 80 多个，参加世界排球锦标赛的队伍也明显增加。同时，排球由于自身的魅力——技战术发展较快，比赛中对抗越来越激烈，吸引了大量的观众。这些都为排球进入奥运会打下了坚实的基础。

为了能使排球比赛在东京奥运会上成为正式比赛项目，除了国际上许多排球界人士外，日本在此期间也做了艰苦的努力。经过大会的表决，决定将排球作为 1964 年东京奥运会的正式比赛项目。在东京奥运会上，规定男队为 10 支参赛队，女队为 6 支参赛队。从此，排球运动成为奥运会的正式比赛项目，排球运动也进入了一个崭新的发展时期。

在排球运动的发展过程中，根据各种群体的需要，又派生出其他休闲排球运动方式，现在排球已成为一个"大家庭"，除奥运会的室内 6 人制排球、沙滩排球外，还有软式排球、气排球、9 人制排球、小排球以及残疾人排球等休闲排球运动。

二、我国排球运动发展概况

（一）6 人制排球在我国的推广与发展

中华人民共和国成立后，由于国家的重视，排球运动作为重点体育项目被很快在全国推广。为了适应国际比赛的需要，1950 年 7 月，在全国体育工作者暑期学习会议上，中华全国体育总会第一次向与会人员介绍了国际排联制定的 6 人制排球竞赛规则和方法，并于当年 8 月成立了中学生排球代表队赴布拉格参加世界学生第二次代表大会的排球比赛。1951 年 1 月，中国青年男子排球队组建，并赴柏林参加了第 11 届大学生冬季运动会和第 3 届世界青年联欢节。同年 5 月，在北京举行的第 1 届全国篮、排球比赛大会上正式采用 6 人制排球比赛，并正式组建了国家男、女排球队，即当时的"中央体训班男、女排球队"。1952 年，国家男、女排到全国 14 个城市进行了 6 人制排球比赛的示范表演，为 6 人制排球运动在我国的普及起到了积极的推动作用。1953 年，中国青年女子排球队首次随中国代表团参加了在布加勒斯特举行的第 1 届国际青年友谊运动会排球赛。1954 年，我国加入国际排联，正式成为会员国。为了向当时排球运动处于领先地位的东欧各国学习，我国运动员曾到莫斯科、里加、基辅、明斯特等城市边训练边比赛，系统地学习了苏联排球队先进的技战术打法及训练方法。

除了"走出去"，我国还采取"请进来"的方法学习外国的先进技术及理论。在这一时期，捷克斯洛伐克军队男排和保加利亚男、女排球队先后应邀来我国访问。1956 年，国家体育运动委员会（简称体委）还邀请了苏联专家戈洛马佐夫在京、津两地举办"全国排球教练员训练班"。学员们全面系统地学习了苏联排球运动训练的理论与方法，为我国排球运动的发展起到了重要的促进作用。同年，全国联赛的竞赛制度建立，《中华人民共和国运动员、裁判员等级制度条例（草案）》颁布。这时，高等教育部、中等教育部颁布的《一般高等学校体育课试行教学大纲》《中等学校体育教学大纲（草案）》和《师范学校体育教学大纲（草案）》，均把 6 人制排球列为必要教学内容。受全国联赛的影响，各大中城市也都开展了具有本地特色的排球竞赛活动。

总之，在 20 世纪 50 年代，我国的排球运动是一手抓普及、一手抓提高，在普及的基础上抓提高，在提高的指导下抓普及，因此运动水平提高较快。由于我国排球运动是在继承 9 人制排球技战术的基础上发展起来的，尤其是我国的快球和快攻战术是其他国家没有的，所以 1956 年中国男、女排球队第一次参加世界排球锦标赛就取得了男子第 9 名、女子第 6 名的好成绩。

20 世纪 60 年代前后，我国各省、市队根据自己的特点开始形成各自不同的风格和技战术打法。例如，以广东队为代表的快速配合，以四川队为代表的细腻稳健，以北方队为代表的高打强攻，以解放军队为代表的勇猛顽强，以上海队为代表的灵活多变等，充分体现了我国 6 人制排球技战术水平的明显提高。

1964 年，周恩来总理邀请大松博文教练率领当时的世界冠军日本女排访华，并请他亲自指导我国运动员训练。贺龙副总理要求我国排球界学习大松博文教练的严格要求和日本女排刻苦顽强的训练作风。此时，我国排球训练工作的方针是"三从一大"，即从难、从严、从实战出发，坚持大运动量训练，使我国排球运动水平又有了明显的提高。当时我国不仅学习了日本女排的勾手飘球、垫球及滚动救球技术，而且创造了"盖帽拦网"和"平拉开扣球"技术。

（二）我国排球运动冲出亚洲，走向世界

1972年，在周总理"要把体育运动重新搞上去"的号召下，国家体委以举办5项球类运动会的形式恢复了体育竞赛，并于同年召开了"三大球训练工作会议"。会上对过去的工作进行了总结，找出了差距，进一步明确了今后排球训练工作的指导思想及发展规划，建立了排球训练基地，并开始有计划地组织各省、市队的集中训练工作。通过每年的冬训，各队有一段较长时间集中在一起互相学习、互相促进，对提高技战术水平，迅速培养后备力量起到了一定的催化作用。1976年，我国组建了新的国家男、女排球队。1977年，我国男、女排球分别在亚洲排球锦标赛中战胜日本队和韩国队，双双获得冠军，并取得参加奥运会排球赛的资格，从此中国男、女排开始冲出亚洲，走向世界。1981年，我国女排在日本举行的第3届世界排球锦标赛中以7战7捷的战绩，第一次获得世界冠军的称号，为三大球翻身打响了第一炮。1982年，我国女排在秘鲁举行的第9届世界女子排球锦标赛中再次夺冠。1984年，中国女排继续发扬顽强拼搏精神，在美国举行的第23届奥运会排球赛中再次问鼎，第一次在奥运会排球比赛大厅内升起了中国的五星红旗。荣获三连冠的中国女排在我国排球史上留下了辉煌的一页。1985年在日本举行的第4届世界杯女子排球赛、1986年在捷克斯洛伐克举行的第10届世界女子排球锦标赛中，我国女排又相继夺得冠军，创造了世界女子排球大赛中五连冠的新纪录。

20世纪70年代末到80年代初也是我国男排技战术水平提高较快的时期，在继承传统快攻打法的基础上，我国男排又大胆创新了"前飞""背飞""拉三""拉四"等新战术，形成了一套自己的快变战术打法，在1977年的世界杯男子排球赛和1978年的世界男子排球锦标赛中分别获得第5名和第7名的好成绩。1981年，我国男排再次获得世界杯男子排球赛第5名。当时我国男排的实力不仅冲出了亚洲，而且可以向世界的排球强队挑战。

这一时期我国的排球运动以"全攻全守、能高能快"的战术特点，显示了世界排坛的新潮流。

（三）我国排球运动走出低谷，重振雄风

20世纪80年代，当世界男子排球运动迅猛发展的时候，我国男排由于种种原因造成了水平下降。1982年世界男子排球锦标赛的分组本来对中国男排非常有利，但因关键时刻队员的心理承受能力差，失去了进入前4名的机会，仅获得

第7名；1984年以一胜五负的战绩排名第8；1985年世界杯男子排球赛亚洲预选赛以1：3负于韩国，从而失去参加世界杯男子排球赛的资格；1987年亚洲男子排球锦标赛上负于日本而失去参加第24届奥运会排球赛的资格；1989年亚洲男子排球锦标赛上负于日本队和韩国队名列第3。随着男排成绩的下降，我国女排在20世纪90年代初运动成绩也急转直下，跌入低谷。1988年汉城奥运会上，女排失去了冠军的宝座；1988—1991年间的两次世界杯女子排球赛和一次世界女子排球锦标赛的成绩分别获得第2、第3、第2名；1992年奥运会排球赛和1994年世界女子排球锦标赛上仅获第7名和第8名；在1994年亚运会上负于韩国队而名列第2。此时中国女排的运动成绩又退到了"冲出亚洲"的起点。

我国男、女排运动成绩下滑的原因，主要在于指导思想跟不上世界排球运动形式的发展。首先，体现在对"进攻"和"进攻战术"认识的滞后上。20世纪80年代的欧美男排就已普遍运用了跳发球和后排进攻打法，形成了在排球场上的全方位进攻，紧接着欧美女排也开始效仿，但此时中国男、女排的进攻观念仍停留在20世纪70年代的认识上，总是在前排二、三点进攻的变化上做文章，致使进攻战术既无创新也无借鉴，所以与国际先进水平逐渐拉开了距离。其次，20世纪80年代末国际排坛商业化的趋势日渐明显，职业化趋势日渐成熟，而我国竞技体育的体制仍保持着20世纪50年代向东欧国家学来的旧的管理模式。在世界体育职业化和国内市场经济浪潮的冲击下，运动队的管理问题也逐渐地暴露在人们的面前。再次，伴随着国家的"奥运战略"的出台，各省、市的"全运战略"也应运而生，所有的运动项目均以拿金牌为目的。排球运动是集体项目，拿不到更多的金牌，因此很多省、市都将砍掉排球队作为首选。

1995年，国家体委召开了重振排球雄风研讨会，会上总结了失败的教训，找出了问题所在，并且探讨了今后的发展方向。同年重新组建了国家女排，并请郎平回国执教。中国女排在郎平主教练的率领下，严格训练，增强了全队的凝聚力，树立了重新攀登世界高峰的信心，先于1995年获得亚洲女子排球锦标赛冠军冲出亚洲，并于同年获得世界杯女子排球赛的第3名，1996年又获得奥运会排球赛亚军，1988年获得世界女子排球锦标赛亚军，1999年获得世界杯女子排球赛第4名，2000年奥运会成绩下降至第5名。1997年，中国男排在新一任教练汪嘉伟的带领下重新夺得亚洲锦标赛的桂冠，并在世界杯、锦标赛预赛中取得了参赛资格。1998年世界男子排球锦标赛中，中国男排虽然较好地发挥了自己的水平，但因体能、体力和技术上的差距，在前12名中仍没找到自己的位置。1999年亚洲男子排球锦标赛上中国男排成功卫冕，但在同年年底上海举行的亚洲区男排奥运会资格赛中失去了一次绝好的依靠自己实力冲进奥运会的机会。

（四）我国排球运动再铸辉煌

在获得了 2002 年世界锦标赛第 4 名的成绩后，从压力中走出来的中国女排在 2003 年世界杯女子排球赛上以 11 战全胜的佳绩夺取了 17 年来第一个世界大赛的冠军。接着在 2004 年雅典奥运会上，中国女排力克各路劲旅，勇夺阔别 20 年的奥运冠军。中国女排重夺世界冠军是她们把思想作风建设摆在十分重要的位置上，坚持"从制度入手，高标准、全方位齐抓共管"的工作思路，严格管理，严格要求，认真学习和努力实践当年老女排那种敢打硬仗、敢于胜利和团结协作、顽强拼搏的精神，训练工作始终保持"走全面快速多变的道路，技术上更加精细全面，整体配合上更加默契娴熟，快速多变的特点更加突出"的指导思想的结果。

面对与世界先进水平之间的差距，中国男排经历了一个较长的痛苦摸索时期。在 2003 年世界杯男子排球赛上中国男排获得第 10 名。在 2004 年奥运会预选赛上，中国男排负于澳大利亚队，而无缘雅典奥运会。但在此次比赛中，中国男排的"三老带二新"的阵容经历了考验，他们先后战胜了亚洲劲敌韩国、日本和伊朗队，无论在比赛经验上还是在心理上都为中国男排日后的复兴和发展留下了广阔的空间。

中国男排要想冲出亚洲，走向世界，就必须有所改变，不仅是技、战术要更加完善和全面，更主要的是在思想和意识上也应该有一定的提高。要有现代排球意识和先进的排球训练理念，要加大新技术、新打法的研究开发，改变国家队的发展思路。为了实现这些目标，中国排球协会在《2001—2008 年排球运动发展规划》中制定的目标是：以青年和学校为重点的群众性排球运动得到较大的发展；初步形成能够适应社会发展、项目特点规律的训练管理体制和运行机制，并建立起职业与非职业相互衔接、互相促进、共同发展的格局。高校体育教师有理由相信，中国男排只要踏踏实实地从青少年培养抓起，形成从地方队到国家队的良性循环，学习世界男排训练与管理的先进理念，完全可以达到一流水平。

第二节　排球运动发展的重要性

一、排球运动的特征

（一）排球运动的击球特点

随着排球运动的发展，排球运动的竞技性越来越强，形成了区别于其他球类的鲜明的特点。排球运动不仅在技术上有着很强的全面性，同时还具有很高的技巧性，排球运动的这些特点，高校体育教师可以从排球运动的击球特点中可见一斑。根据排球运动竞赛规则，高校体育教师将排球运动中击球的特点归纳如下。

（1）运动员触球的部位可以为身体的任何部位。这项规则使运动员在击球过程中灵活展现击球技巧、充分发挥自身优势。

（2）在排球竞赛的全过程中，运动员不允许持球。这就意味着排球不能在运动员的击球部位产生较长时间的停留，这是排球区别于其他除了借助工具击球的乒乓球、网球等的球类运动的一大特点。排球运动的这一特点，要求运动员对排球要具有极高的控制能力，能够将来球准确地击向预定目标，同时还要求运动员具备精准的判断能力，能够在短时间内对来球的力量、速度、角度等因素做出精准的判断。

（3）在进行排球运动中，无论是比赛还是游戏，都必须在空中击球。排球运动的空中击球要求十分严格，运动员在发球、传球、接球过程中都必须严格遵守空中击球的规则。这就要求排球运动员具有很好的时间感觉和空间感觉。

（二）形式的多样性和广泛的群众性

由于排球运动对场地的要求不是很高，也不需要复杂高端的设备，并且排球运动的规则也比较被大众所掌握，因此，排球运动具有极强的广泛性和灵活性。排球运动不仅有着多种多样的形式，还适于各种年龄、各种体质、各种运动水平的人参与，同时，排球运动不局限于场地，既可以选择室外，也可以选择室内举行。根据排球运动举行的场地，高校体育教师将排球运动的形式具体分类如图 5-1 所示。

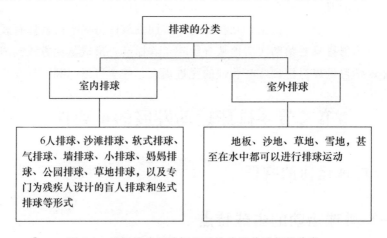

图 5-1 根据排球运动场地对排球运动进行的分类

排球的规则容易，运动量可大可小，又表现出了其群众的广泛性特征。

（三）独特的文化性

排球运动是体育运动中一个重要的项目，而体育运动又是文化中的一项重要内容，因此，排球运动具有极强的文化性。排球运动在长期的发展过程中又形成了属于自己的独特的文化。排球运动是一项凝聚着人类智慧的实践活动，它在长期的发展过程中产生了独特的理念，积累了深厚的专业知识，形成了严谨的管理体系，创造了高超的技战术，制定了严格的规则，建立了记录和传播所必需的组织、宣传机构等，这些都标志着排球运动在人类社会和生活中已经形成了系统的排球运动文化。排球运动文化的独特性具体表现在以下几个方面。

1. 自身的传承性

排球运动的最初功用是娱乐游戏，随着社会以及排球运动自身的发展，排球运动逐渐转向竞技对抗方向。排球运动文化也随着排球运动的发展而不断进化。排球运动文化在发展的过程中，随着经济的发展和社会的进步，传播、冲突与分化在不断交替进行着，具有极强的历史传承性。排球运动在经过了多年的发展后，也在相继的融合过程中不断地被人们所接受。迄今为止，排球运动已经拥有了100多年的发展史，在这100多年连续的演化与发展进程中，已显现出排球运动自身的发展规律，成为一种先进的文化。

2. 鲜明的时代性

排球运动的发展是紧紧跟随着社会进步的步伐的。人类社会的不断进步与发展，越来越要求排球运动在形式上和环境条件上满足各种社会群体的需要，从而使排球运动在不断的发展过程中日益多样化，最终形成了竞技排球与大众娱乐排球互相依托、双轨共存的格局，排球运动文化的时代性得以彰显。

3. 流派的融合性

排球运动在发展过程中，呈现出百花齐放的景象，陆续涌出了"力量排球""技巧排球""高度排球"等流派，这些排球流派充分体现了各民族的地域优势。在排球运动发展的初级阶段，各流派之间的争奇斗艳，随着排球运动的深入普及和全面发展，各流派之间的共存和互补迫在眉睫，于是，排球各流派在保留各自精粹的基础上，相互融合，民族地域界线不再明朗，排球运动发展为"全攻全守型排球"，进入排球文化发展的高级阶段。

4. 竞赛的公平性

排球比赛具有公平性，是由其竞赛规则所决定的。首先，在方位上，从1号位到6号位排球运动员可以按顺时针方向进行轮换；其次，在技战术发挥上，无论是传、垫、扣、发，还是拦网，无论是防守还是进攻，每个参与竞赛的队员都可以在各自位置发挥相应的作用。由于排球赛的每一个位置对队员的技战术的要求不尽相同，因此，任何一个队员都可以在竞赛中获得均等的竞赛机会。

5. 竞赛的有序性

在排球比赛中，排球运动的有序性十分鲜明。运动员的站位为前后排，站在发球方后排右侧的运动员首先发球。换发球时，双方队员必须在本场区内按轮转次序站位，如果一方连续得分则不用轮换。每局比赛开始，场上队员必须按位置表排定的次序站位，在该局中不得调换。球发出后，队员可以在本场区内的任何位置上，不受上述限制。在新的一局，每个队上场队员的位置可重新安排。登记在记分表上的队员都可被列入新的上场阵容。这些充分体现了排球运动的有序性。

（四）激烈的对抗性和严密的集体性

排球运动不仅是一项对抗性的体育项目，同时还是一项集体性的体育项目。在排球比赛中，参赛的双方在激烈的对抗中进行攻防的转换。排球比赛的水平越高，参赛双方的对抗争夺就越激烈。排球比赛中，除发球外，都是在集体配合中进行的，这需要参赛的排球运动员具有严密的集体性，只有和本团队成员之间紧密配合，才能更好地发挥个人技术，如果本团队成员之间不能紧密配合，再优秀的战术也无法施展。水平越高的球队，集体配合就越严密。

在运动中，每一方都在自己的场区内通过个人技术的配合以及团结奋战的斗志去争取胜利。项目的特点使长期参加排球活动者形成了良好的品格：勇敢而不鲁莽，冷静而不犹豫，灵活而不失章法，团结而不失个人风格。这种良好的品格和精神将优化参与者的文化个性，影响参与者的体育行为，甚至使他们在一生的工作和生活中都受益。排球的精神文化不仅体现在参与者的身上，而且也深入观赏者的心中。20世纪80年代，中国女排队员不怕困难、忘我训练的优良作风和不畏强手、勇敢顽强的拼搏精神，给中国人民以力量、干劲和斗志，激励着人们在社会主义建设中团结奋进、努力向上。

（五）排球运动中蕴含的特殊魅力

在观赏排球比赛时，人们可以从各种技战术中体会到排球带来的美好感觉，如角度刁钻的发球、身手敏捷的二传，勇猛无敌的扣杀，稳如泰山的防守，每一个动作的爆发和转换，都能给人们带来视觉上的冲击。运动员每一个高难度高技巧的动作都凝结着运动员的智慧，给观众带来美的享受。排球运动的特殊魅力还体现在运动场上队员之间的竭诚合作，相互扶持和鼓励的团结精神，以及顽强拼搏、不骄不躁的奋斗精神。同时，排球运动中，灵活多变的战术也是观众的一大看点，运动员之间默契的配合，赛事中变幻莫测的快速立体进攻，都会令观众为之折服。由于排球运动的灵活性和技巧性，使排球运动在比赛中呈现出空间多变的新鲜感。排球运动的这些特殊魅力，使无数排球爱好者积极参与到排球运动中来，并通过亲身实践去体会排球运动带来的快乐感和成就感。

二、排球运动的重要价值

排球运动在推动社会发展以及人们的日常生活中有着不可估量的作用，如图5-2 所示。

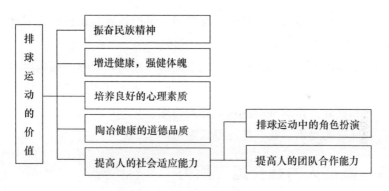

图 5-2 排球运动的价值

（一）增进健康，强健体魄

排球运动不仅具有娱乐性，还富于极强的竞技性，因此适于任何人参与活动或比赛。经常参加排球运动，不仅可以提高人的身体素质和运动能力；还可以改善人体中枢神经系统和内脏器官的功能状况。通过参加排球运动锻炼和训练，可以使人们增进健康、强健体魄。

另外，排球是一项身体活动很全面的运动项目。经常参加排球运动，对改善人的身体状况、提高身体素质、增进人体基本活动能力和对各种自然环境的适应能力均大有裨益，同时可使人的大脑皮层特别是中枢神经系统的反应速度和协调性明显提高，对人的思想和意志品质产生积极的影响。在参加排球运动活动过程中，需要集中注意力，人体重心随各种来球而向上、下、左、右、前、后迅速变换，体现出快速敏感的反应与应变能力。这对提高人的观察、思维、分析能力，养成勤思敏学、当机立断的习惯都是有好处的，有利于益智与健脑。

（二）培养良好的心理素质

由于排球运动需要参与排球运动的人具有良好的身体素质和心理素质，因此，经常参与排球运动，对提高自身的心理素质有着积极的促进作用。由于比赛中球不能落地，以及可以击 3 次球的特有规定，对于同伴判断失误而无法接球或接球不到位的情况，队员之间可以通过配合来进行补救，为下一次击球创造进攻条件。在排球运动中，持之以恒的锻炼能使人养成良好的体育道德作风，还能铸就团结协作的集体主义精神，同时还能培养顽强的毅力。

（三）陶冶健康的道德品质

排球运动可以培养人们良好的道德意识、道德情感与道德行为习惯，对人的道德素质有重要的提升作用。

和排球运动相关的规则和规程像一张无形的铁网，把参与排球运动的人们的言行紧紧地罩住，限定在这些规则之中。同时，通过剧烈的对抗和比赛，人们的身体、心理和社会公德都可以得到良好的锻炼。另外，人们通过观看比赛，也可以从中得到健康的娱乐享受，精神得到陶冶。

（四）提高人的社会适应能力

人的发展离不开社会，社会适应能力直接影响人的健康。人们经常参加排球运动，可以获得更多与人接触和交往的机会，帮助人们更好地融入社会环境中，有助于加强人们的合作意识，培养团队精神增加人们的社会适应能力。具体表现在以下两个方面。

1. 排球运动中的角色扮演

在体育运动中，人们可以扮演不同的角色，而体育运动中的角色互换以及运动中应该遵守的规则与人们在生活以及社会所充当的角色和应当遵循的法规有着很大的相似性，因此，参与体育活动有利于提高人的社会适应性。在参加排球运动时，要在规则允许的范围内更加积极主动地扮演好自己的角色，遵守体育道德规范，提高自己的社会适应性。同时，在与队友的配合中，在不同的分工中努力做好与自身角色相对应的攻防任务，也会在一定程度上增强自身的角色属性，加强自身的社会意识。

2. 排球运动有助于提高人的合作能力

参加排球运动能满足人的交往需要，并使人的性格得到改善。排球运动具有交往性和合作性的特点，同时，这种交往合作的活动具有很好的娱乐性，有助于建立人与人之间的友谊、满足人的交往需要、消除孤独感、改善人的性格等特点，从而有效促进团队意识的培养，提高合作及应变能力。

排球运动不但竞技性很强，同时集体性也非常严密，依靠集体严密配合取得比赛胜利，是排球运动制胜的一件利器，因此在比赛场上，队员们只有相互协调，默契配合，显得至关重要。在排球比赛中，规则不但要求球不能落地，同时还要求在比赛进行中不能持球，因此，对参与排球人员的应变能力提出了较高的要求。综上所述，长期坚持参加排球运动，不仅能够强身健体、使参与者获得身心的愉悦，还可以提高参与者应变、合作的能力。

（五）振奋民族精神

随着社会的不断进步和发展，体育运动日益融入人们的生活，人们可以通过体育运动达成某些精神层面的共识，可以通过体育运动实现某些共同价值，甚至可以通过体育运动塑造民族精神，凝聚民族力量。我国的排球运动，就为塑造民族精神、凝聚民族力量做出了不可泯灭的贡献，对国人的民族精神产生了巨大的影响。

1981 年 3 月 20 日，世界杯排球赛亚洲区预赛对于中国排球来说是一场至关重要的比赛。中国男排对阵韩国队，在比赛的初期，中国男排出师不利，先输两局，但是，中国男排不气馁、不急躁，在后面的比赛中连续扳回 3 局，最终以 3∶2 击败韩国队，夺得世界杯排球赛的参赛资格。这次世界杯排球赛后，"团结起来，振兴中华"的口号，在浃浃学子间相互传递，一夜之间，从北京大学传遍大江南北。当时的中国人民刚刚迈出改革开放的步伐，中国男排的胜利对致力于四个现代化建设的国人无疑是极大的鼓舞。

同样具有民族凝聚力的排球赛事还有中国女排的"五连冠"。20 世纪 80 年代，中国女排蝉联"五连冠"成为当时脍炙人口的佳话，在国人的心目中，中国女排就是拼搏精神的代表；此后，中国女排历经坎坷，相继夺得 2003 年的世界杯冠军、2004 年的奥运会冠军、2015 年的世界杯冠军、2016 年的奥运冠军。这些光辉战绩为中华民族的伟大复兴增添了光彩。

中国排球的辉煌战绩使国人精神振奋、勇气倍增，为中华民族的伟大复兴增添了光彩，"女排精神"也深入人心，激励着国人为中华民族的发展努力奋进。

第三节　排球运动的风格流派及其发展趋向

排球是一项没有国界的体育运动。排球从 1895 年问世以来，已经历经了 120 多年的风风雨雨。在这 120 多年的发展历程中，排球运动的传播几经周折，排球运动的规则也被反复修改、不断完善，排球运动终于成为目前在国际上最受欢迎的运动项目之一。排球运动被越来越多不同地域、不同种族和不同肤色的人们所接受和认可。

然而，由于民族的不同，导致各民族拥有的传统文化也不尽相同，同时，东西方地域文化背景的差异，使不同地域的人们在规则范围内实现排球价值的手段也不同。不同民族的人们，通常喜好用本民族的文化来诠释运动的本质特征，因此，体育比赛也带有明显的民族文化特性[①]。排球作为体育运动的重要组成部分，同样也彰显出不同地域的民族文化特色。因此，排球在不断的发展过程中，逐渐形成了亚洲派、欧洲派、美洲派三种技战术风格。

一、三种地域文化的演变及特征

（一）影响亚洲风格流派的中国传统文化及其特征

中国的传统文化对亚洲体育文化有着深远的影响。中国的传统文化是在独特的社会和地理环境中孕育和发展起来的。中国大陆的东部与中部是广阔的平原，平原四周围绕着高山、沙漠和无法跨越的大海，地势西高东低，与外界隔绝，形成了天然的地理单元，使得中国的文化系统相对比较封闭。这种独特的地理环

---

① 高永艳. 中国男排与世界男排强队进攻技战术及相关因素的比较研究［D］. 济南：山东师范大学，2006.

境，使我国古代人民对自然环境有着强烈的依赖感。人们长期生活在自给自足的封闭社会中，与外界的交流微乎其微。而以农耕为主的生产生活必须严格遵循自然规律，因此人们就会养成在实践活动中观察、总结自然变化的规律，逐渐达到了人与自然的和谐相处，形成了独一无二的"天人合一"思想。

在"天人合一"思想的影响下，中国古代人民形成了朴实谨慎、求稳怕乱的民族特性，无勇气冒险，更无拓新胆识。中国封建社会确立后，儒家思想占据了统治地位，人们崇尚中庸之道。所谓的中庸、中和，其思想要点为舍功利取仁义，不张扬自我，安于现状。儒家思想强化了弱者心态，束缚了人类个性的发展，使人更多地依赖于群体。封闭环境下产生的中国传统思想，对中国人民影响根深蒂固，从而对体育文化也产生了巨大的影响。人们依赖整体，崇尚和谐，而少冒险和竞争。在中国这种传统文化的影响下，中国球星失去了茁壮成长的沃土，然而堪当大任的运动员却能够将中国传统文化中的"中庸""中和"运用到排球战术中去，加强团队整体协作能力，从而取得了在隔网对抗项目中的优势。

（二）影响欧洲风格流派的西方传统文化及其特征

古希腊文化是西方古代体育文化的摇篮。西方古代体育文化历经了文艺复兴和工业革命。希腊位于欧洲南部的巴尔干半岛，山脉与岛屿众多，海岸线绵长曲折，土地贫瘠，自然资源匮乏，是一个"自然环境差异较大的岛国"[①]。长期以来，为了适应这种独特的自然地理环境，当地居民形成了多样化的生活方式。由于希腊地处欧、亚两大洲的门户，是欧、亚商品贸易以及国际交往的桥梁，在促进欧亚贸易以及国际交往的过程中，希腊人民形成了开放、外向的性格。与此同时，希腊恶劣的地理环境又铸造了其希腊人民富于冒险和抗争意识，而进行冒险与抗争则需要强健的体魄和体能。因此，个性的发展、个体人格的培养，个体的自由、个体潜能和智慧的充分发挥，成为西方文化形成的根基和发展核心。

中世纪时期，宗教在社会以及人们的生活中占据了统治地位，教会不仅控制人们的日常生活，还控制着社会的意识形态，由于宗教崇尚神，否定人，人的世俗价值不再被认可，能够体现人类世俗价值的体育自然也被取消。在此社会背景下，希腊人创造了骑士体育和游侠体育。骑士体育十分富于冒险性，而游侠体育又十分富于实效性。这两项体育运动具有鲜明的希腊民族特色。欧洲人注重实效的特征缘于工业革命的兴起。由于工业革命的历史背景是英国通过多年的海外贸易和殖民扩张以及圈地运动等手段积累了大量原始资本，而工业革命的兴起，对

---

① 吴京梅．中西方体育养生之比较研究［J］．上海体育学院学报，2004（6）．

西方文化产生了极其深远的影响，因此西方文化带有极强的实效性。这种实效性经过不断发展，使西方民族越来越崇尚竞争，在文化上也更加激进，从而孕育出的欧洲体育文化也富于激进色彩，体力、实效、竞争是西方体育文化的三大要素。

（三）影响美洲风格流派的熔炉文化及其特征

15 世纪，由于欧洲经济飞速发展，人口急剧增长，西欧各国之间的竞争变得十分激烈，本土资源已不能满足各国发展的需求，西欧列强把侵略的势力扩张到海外。美洲大陆的发现，对西欧列强无疑是个绝好的机会，他们迅速展开了对美洲大陆的资源掠夺、经济剥削以及文化渗透。历史上，印第安是美洲大陆最早的主人，因此印第安文明是美洲大陆文化的主流。美洲大陆地大物博，四面环海的地理环境使印第安人拥有非常广阔的自由空间。在这种环境下，印第安人追求个性发展，他们充满激情、个性豪放、自信，不仅富于反抗精神，还擅长应付变化多端的事物。美洲新大陆的发现，成为印第安人的灾难，随着欧洲殖民者的入侵，印第安人丧失了自己的土地，沦为欧洲列强的殖民地。随着西欧文化的渗入，印第安文化独特的风格逐渐消亡，开始模仿英国、葡萄牙等宗主国的文化。18 世纪末，印第安民族独立运动的兴起，在美洲掀起了复兴民族文化的运动，至此，印第安本土与外来文化相融合形成了熔炉文化。由此可见，美洲熔炉文化是西方文化的一个分支，是一种吸收性文化，其特点为自信、奔放，勇于创新。

二、排球运动的三种风格流派及其特点

（一）亚洲排球的风格流派——以快变为主，讲究平衡，注重集体配合

中国排球有着浓郁的中国传统文化特点。在中国传统文化中，提倡中庸之道的儒家文化是核心，"天人合一"的和谐境界[①]是目标。在这种文化背景下，中国排球文化被烙上了鲜明的农业社会的印记，朴实、谦和、遵循传统，依赖群体是中国排球文化的主要特征。尽管中国排球运动员身材较矮小，但拥有全面的技

---

① 郑念军. 分立、碰撞与融合——从中国传统体育文化与西方体育文化之比较，谈世界体育文化的发展 [J]. 山东体育科技，2000（1）.

术、扎实的功底、灵活多变的战术，中国排球被誉为杂技般的排球。在技战术中，利用网长形成各种快变组合是中国排球运动员一大创举。中国排球最终形成了快速灵活、整体和谐平衡的风格，但是由于我国球员个人表现欲弱，冒险精神不足，因此在我国排球历史上，一直缺乏具有很强的决断力、在紧要关头能够力挽狂澜的优秀人才。中国、日本、韩国三个国家是亚洲排球的主流，并在文化、地理环境、人种等方面都存在着相似性，因此在排球文化上也存在着很多相同之处。亚洲人的身高与欧美人相比要矮小许多，体能与爆发力相对于欧美运动员较弱，由于受到上述条件的限制，亚洲排球的主要特点为战术变化多端、快变打法贯穿全局，同时，亚洲排球还有着隐蔽性的配合、出色的一传、严密的防守。亚洲排球以上的特点，只有在全队具有较高的接发球能力、二传具有较强的分配球能力、整体队员具有全面性的技战术才能得以实现，而这些恰恰是亚洲排球注重集体配合、追求平衡性的体现。

（二）欧洲排球风格流派——以强攻为主，突出高举高打，注重个人

欧洲人出色的身高决定了欧洲人排球的特点——高举高打。欧洲由于受到古希腊海洋型文化的深远影响，体力、个性、竞争成为欧洲体育文化的核心理念。欧洲排球运动员擅长分析思维的思想方式，喜好彰显个性，崇尚"力"的表现。欧洲人在身体条件上优于亚洲人，这种先天的优势使他们在排球运动中形成追求体能、重视进攻的特点，在技战术上不追求完美。欧洲人分析思维的思想方式又使他们的排球运动带有张弛有度、实效性强的特点。欧洲人排球文化的不足是缺少即兴发挥，对明星队员的依赖非常强。俄罗斯、塞尔维亚、德国是欧洲排球的主流。欧洲人先天的身体条件使他们在排球运动中的优劣势形成鲜明对比，勇猛有余而灵活不足，前排拦网十分强势而后排防守比较薄弱，战术简单、集体配合不够严密，2、4号位的高点强攻是欧洲排球独一无二的特点。

（三）美洲排球风格流派——以立体攻为主，突出高快结合，注重整体发挥

由于美洲文化属于熔炉文化，因此，美洲文化汲取了欧洲的务实、加勒的激情、拉美的豪放，从而形成了独具风格的美洲排球文化，即"享受排球"。在美洲排球运动员眼中，排球的比赛场地就是他们的舞台，在比赛中，运动员能够充

分展现个性、发挥智慧，把排球运动所独具的美感淋漓尽致地表现出来。美洲的排球文化与亚洲的排球文化有所不同，高雅中多了几分狂野，奔放中又不失风度。熔炉文化的特质铸造了美洲人独特的排球文化特质，张扬的个性、善于表现的勇气使美洲人在排球比赛中显现出气势凌厉、勇猛善战、善于创新的风格。美洲人的情绪起伏比较大，常常会影响他们的比赛效果，在排球运动中尽管也有即兴发挥，但不够稳定。

巴西、美国、多米尼加是美洲排球的主流。美洲排球的主要特点是：优质的身体素质、出色的弹跳力、精湛的技术。美洲的排球在战术上将欧洲高点打法与亚洲快变打法巧妙而灵活地融合在了一起，无论是速度还是弹跳力，或是技战术的变换，都是其他区域排球所不能及的，形成了独树一帜的拉丁派排球。由于美洲排球以立体攻为主，进攻不仅多变、力度强，而且防守十分稳固，要求球员必须具有高素质的身体以及高技巧的技术和紧密配合的集体性。

三、排球运动风格流派的发展趋向

排球运动是文化的一项重要内容。在区域文化的影响下，世界范围内形成了不同流派的排球风格。每个排球流派的风格都与所属地域的民族文化息息相关，密不可分。该地域的排球运动体现着所属地域的民族文化和精神，该地域的民族的文化和精神又潜移默化地带动着排球运动的发展。随着人类社会的不断进步以及国际交流的日益频繁，民族融合成为一种必然的趋势，各区域排球流派之间的交融，各种排球技战术相互取长补短，使世界排球运动的风格逐渐融合。

第六章 排球运动的技战术教学理论与应用实践

体育教学是一个可控的，并包含诸多要素的、具有开放性的系统。它包含了教学系统中的诸多要素，如教学思想、内容、目标等，也包括了其特有的体育器材、教学场地。本章将论述排球个体技术教学与实践、排球集体战术教学和实践以及培养教学技能。

第一节 排球技术教学与方法实践

一、排球技术概述

（一）排球技术的概念

排球技术，顾名思义就是排球运动员运用各种合理的击球动作和配合动作，在一定的比赛规则条件下所产生的一项专业技能。它是排球运动的基础。

排球技术具体可分为两类：一类是有球技术，包括发球、垫球、传球、扣球和拦网等；另一类是配合动作技术，包括准备姿势、移动、起跳及各种掩护动作等。有球技术和配合动作技术组成了排球技术，此外还需要每一项体育运动都具有的身体的、意识的灵活性、协调性。

（二）排球技术的特点

（1）技术动作时间要求高，短时间内就要做出动作反应。

（2）球落地即结束，技术动作必须在空中对球做出。

（3）攻防性之间的转化强且灵活。

（4）运动员身体的各部位都能接触球。

（三）排球技术的类别

击球前动作、击球动作和击球后动作组成了排球技术中的每一项具体技术。少部分人认为，配合动作单纯就是除了身体某一部分接触球以外的动作；在本书中所讲的有球技术与配合动作与此不同，我们把与击球动作连贯的前后的准备动作、助跑等也归于击球动作，也就是有球技术，包括发球、垫球、传球、扣球和拦网以及相应的准备动作。我们定义的配合动作是单独的无球移动以及准备姿势，这样更有利于区分与后期的练习教学。

二、排球技术的几个力学问题

为了加强对排球技术动作的理解，本节对影响人体运动的启动、制动、起跳和挥臂等动作的力学原理以及影响球体飞行的一些因素进行分析，以加强对技术的研究和提高掌握与运用技术的能力。

（一）启动与制动问题

1. 启动问题

启动是指人体从静止的状态改变为运动的状态，启动使人体达到快速移动的目的。

现代排球运动朝着快速的方向发展，因此也对启动速度提出了更高的要求。影响启动快慢的力学因素主要有三个。

（1）在启动方向上稳定角因素。

运动员站立时两脚形成两个支撑面，支撑面两边缘上相应两点与运动员人体重心连线所形成的夹角被称为稳定角，表示人体的稳定性。在支撑面一定的情况下，如果运动员人体站立较直则其人体重心位置较高，其重心到支撑面即地面的投影点距离支撑面某一边的边界较短，这种状态的稳定角就较小。因此，在支撑面不变的情况下，稳定角的大小取决于重心高度，稳定性也就发生了变化。稳定角越大，稳定性越小，启动越慢；稳定角越小，稳定性越大，启动越快。

（2）支撑反作用力因素。

作用在物体上的力越大，物体改变原来运动状态就越快。支撑反作用力是在蹬地时地面施与人体的作用力，其大小与人体蹬地的力量大小相等、方向相反，支撑反作用力越大，启动越快。

（3）蹬地角因素。

运动员在用脚蹬地时支撑反作用力的作用线与水平方向的夹角被称为蹬地角。其大小决定着支撑反作用力在水平方向上所形成的分力的大小。蹬地角越小，水平方向获得的分力越大，启动就越快，反之越慢。

2. 制动问题

制动是指人体从运动的状态改变为静止的状态。制动与启动正好是一个相反的过程。在制动过程中，人体向前跨出一脚，与水平地面形成一个反作用力。它与重力形成合力的方向与人体运动的方向相反，从而使人体迅速减速，达到制动的目的。制动的效果与反作用力相关。反作用力越大，制动越快；反作用力与地面的夹角越小，制动也越快。

（二）起跳

现代排球运动不断向高快结合的方向发展，网上争夺越来越激烈，扣球和拦网成为最主要的得分手段，而弹跳是影响扣球和拦网效果的重要因素之一，因此要求弹跳不仅要有高度，而且要有速度。

排球运动中的跳跃动作种类很多，按起跳脚分类，可分为单脚起跳和双脚起跳；按跳跃方向分类，可分为竖直向上跳和向前的冲跳；按助跑方式分类，可分为原地起跳和助跑起跳等。

下肢猛烈的蹬伸动作及上体和上肢向上做加速运动而产生的向下的惯性力，通过双脚作用于地面，同时地面给人体一个支撑反作用力，支撑反作用力与重力的合力，使人体产生向上的加速度，推动人体离开地面。

结合力学进行分析，主要有以下三个方面因素影响起跳高度：

（1）腿部肌群的强壮程度，即爆发力大小。

（2）人体上体和上肢向上所做出的加速度的大小。

（3）人体双脚作用于地面的蹬地角度的大小。蹬地角越小，水平方向获得的分力越大，起跳高度也越高，这是在竖直向上跳方面。要想进行冲跳，则需要适当改变蹬地角，把向上的分力分散向其他方向，达到向其他方向进行冲跳的目的。

（三）旋转球与飘球

球体的自身运动状态是影响飞行路线的一个重要因素，球体的自身运动状态有两种，即旋转与飘晃。

1. 旋转的原因

造成球体旋转的原因是击球作用力不通过球体重心，从而产生旋转力矩。球在空中旋转，主要有前旋、后旋、左侧旋和右侧旋。当球向前飞行时，球的上下左右各表面都有空气向后流动，流速是相等的。如果球体进行旋转情况就不一样了。以后旋球为例，当球体以后旋的方式向前运动时，球体上部向后转动，带动上部空气向后流动，这就与球各表面的空气流动方向相同，流速加快，球体上部压强变小。同时球体下部因旋转而产生的空气流动方向与固有的空气流动方向相反，流速相应减慢，压强随之变大。整个旋转中的球体，下部压强变大，上部压强变小，球体运行的轨迹定会偏离预定轨迹偏上。同理，前旋球的运动轨迹偏离预定轨迹向下，左侧旋球向左、右侧旋球向右偏离。

2. 飘晃的原因

飘球产生的原因目前主要有以下几种说法。

（1）当作用力通过球体重心，球将不旋转地向前飞行，而没有旋转轴的物体的飞行轨迹是不稳定的，因此球会摇摇摆摆地前进。

（2）球的振动可以使球体变形。球体不断地振动变形，凸起和凹陷两侧空气流速不断发生变化，压强差也随之不断发生变化，结果球的飞行路线随着不同压强差而改变，从而产生飘晃。

（3）不旋转的球因受空气阻力影响速度逐渐减慢，到每秒飞行 5～10 米时，球就会遇到近两倍的强大压力，因此，球会突然失速，改变飞行路线。

（4）当不旋转的球飞行时，球体后面的空气稀薄，压力迅速降低，因此在球的后面形成许多旋涡。旋涡越大，对球产生的阻力就越大。旋涡能阻止和干扰球的飞行，造成球体在空中飞行时出现摇晃现象。

（5）球体表面黏合线与空气的流动方向顺横不一，引起空气对流速度的变化而造成阻力差，改变了球的飞行轨迹。

（6）在确保球在飞行过程中不转动的情况下，击球的同一部位，施以同样的力，向同一方向发出，若球嘴向上，球则偏离预定轨迹向上；若球嘴向下，球则偏离预定轨迹向下。

（四）入射角与反射角

入射角等于反射角是光学镜面反射原理。垫球动作很大程度上可以用镜面反射原理来说明。不旋转的来球触击手臂后，基本上以相同的角度反弹出去；旋转的来球触击手臂时，旋转会使球和手臂之间产生摩擦力，同时手臂也给球体一个大小相等、方向相反的反作用力，垫击力与反作用力的合力方向基本就是球体弹出的方向。垫球时，垫出球的弧度和手臂垫击平面与地面形成的夹角有关，手臂与地面夹角大，出球弧度平；反之，垫出球的弧度就越大。

（五）挥臂速度

挥臂击球时，以上臂带动前臂、前臂带动手腕的击球动作，称鞭打动作。一个链状物体，在其质量大的一端先做加速运动，在制动过程中，其动量向游离传递，使其末梢部分产生极大的运动速度，这就是鞭打动作的力学原理。

上肢鞭打动作的特点是大关节带动小关节，即躯干带动肩，肩带动上臂，上臂带动前臂，前臂带动手，大小关节依次活动，每一个环节的活动速度都在前一环节达到最大速度之后获得。因此，鞭打动作是快速有力的。在做鞭打动作前，各环节肌肉应放松，只有放松，才能加速挥动，才能获得较快的挥臂速度。

三、准备姿势与移动教学

准备姿势与移动是完成各项排球技术的前提与基础。准备姿势做不好，势必会影响有球技术的开展。发球、垫球传球等技术动作都需要有不同的准备姿势以及相应的移动才能正确触发，以发球为例，要先做好准备姿势，再进行移动，最后进行发球动作。同时，准备姿势与移动两者又是不可分割的。下面我们进行分点讲述。

（一）准备姿势

准备姿势是指在进行各项技术动作之前的准备动作。各项技术动作不同，准备姿势也不一样。但准备姿势都有一个共同点，那就是合理的准备姿势都需要使身体重心在合理的位置从而使身体达到稳定平衡的状态。根据准备姿势后的动作，可以将准备姿势分为一般准备姿势和专项准备姿势。一般准备姿势多为预备环节，接下来的动作可能为移动或原地防守。专项准备姿势是指为专门有球技术而做的姿势，如发球、扣球等准备姿势。

根据准备姿势中身体重心的从高到低，可将准备姿势分为稍蹲准备、半蹲准备和低蹲准备三种。

1. 稍蹲准备

（1）动作分析。

两脚向外分开，间距比肩稍宽，两脚尖向内，一脚稍前，脚跟稍稍提起，前脚掌着地；两膝微屈，上体稍向前倾，重心落于两脚之间；双臂放松，自然弯曲；两眼向前平视，注意力集中，两脚保持微动，随时准备移动。

（2）技术分析。

1）脚跟稍提起，膝关节保持一定弯曲，便于及时向各个方向蹬地启动，预先拉长伸膝肌群和增大移动时的后蹬力量，也便于及时起跳、下蹲和倒地。

2）上体前倾有利于向前或向侧前移动，两臂置于胸腹之间有利于移动时的摆臂和随时伸臂做各种击球动作。

3）肌肉保持适度放松比肌肉完全放松和过度紧张更有利于启动。两脚保持微动有利于克服肌肉静止的惯性从而达到快速启动的目的。

（3）技术要点。

屈膝提踵，含胸收腹，两腿微动。

2. 半蹲准备

半蹲准备与稍蹲准备唯一的区别就是半蹲准备重心稍低，其余方法相同。

3. 低蹲准备

低蹲准备比稍蹲和半蹲准备动作更大，具体表行为双脚之间距离更宽，重心更靠前、更低；两膝弯曲程度大。

（二）移动运动

移动是指从启动到制动的过程。运动员通过移动来主动接近球，保持人和球之间的位置关系。同许多球类运动一样，移动在排球运动中占据了非常重要的内容。运动员能否及时移动到位直接影响着下一步的有球技术以及战术环节。移动又分为启动、移动步法和制动三个环节。

1. 启动环节

启动是移动的开始，是指人体在准备姿势的基础上，通过破坏自身的平衡来达到向某个方向运动的目的。启动的好坏，直接影响了移动速度的快慢。

（1）动作方法。

启动需要根据不同的准备姿势进行。向前移动时，在正确的准备姿势的基础上，我们要迅速向前抬腿收腹，使身体向前探出；同时后腿迅速且用力蹬地，使身体向前启动。

（2）技术分析。

1）力学原理。

启动的力学原理是破坏平衡。人体向前抬腿，身体失去平衡而前倾，开始了启动。收腹和上体前倾，有利于身体重心的前移和降低，从而使蹬地角减小，增大了后蹬的水平分力，达到了快速启动的目的。

2）主要动力。

启动时的主要动力来源于蹬地肌肉的爆发式收缩，蹬地腿预先拉长肌肉的爆发力越大，启动就越快。

3）技术要点。

抬腿蹬地，破坏平衡。

2. 移动步法环节

运动员启动后，根据接下来的有球运动或者战术的需要，会采取不同的移动步法。移动步法的选择与快慢也直接影响着接下来的有球运动以及战术的实施。

（1）动作方法。

1）并步与滑步动作要领。

需要向左并步时，则右脚蹬地，左脚迅速向左跨出，右脚迅速跟上，做好击球准备。需要向右并步时，则是左脚蹬地，右脚迅速向右跨，出左脚跟上。连续的并步就是滑步。

2）跨步与跨跳步动作要领。

跨步的动作要领与并步有相同也有不同之处。向前跨步时，后脚用力蹬地，前脚向来球方向迅速跨出一大步，后脚迅速跟上，同时身体重心前移；跨步的同时，膝盖微屈，上体前倾。跨步的动作中如果有身体腾空，则为跨跳步，也称跳步。

3）交叉步动作要领。

交叉步一般指侧向移动时两脚交叉移动。以向右交叉步为例，上体稍向右转，左脚从右脚前面向右交叉迈出一步，然后右脚再向右跨出一大步，同时身体转向来球方向，保持击球前的姿势。也可一脚先后撤一步，然后另一只脚进行交叉步移动。

4）跑步动作要领。

跑步时两臂要自然摆动，与平时跑步时相同。

5）综合步动作要领。

综合步是指在实战中，根据不同的情况灵活运用各种步法的总称。

（2）技术分析。

1）并步移动时后腿迅速跟进，较易保持身体平衡，便于做各种击球动作。

2）跨步移动时的步幅较大，身体重心较低，便于接1～2米处低球。交叉步采用两步移动，所以移动距离比跨步移动更远。

（3）技术要点。

抬腿弯腰移重心，第一步要快。

3. 制动环节

制动环节是指在身体的快速移动之后，为了完成规定的击球动作，而主动克服身体的惯性使身体达到平衡的环节。

（1）动作方法。

1）一步制动法。

一步制动法适用于身体惯性并不是特别强的情况。一步制动时，最后跨出一大步，同时降低重心。膝和脚尖适当内转，全脚掌横向蹬地，抵住身体重心继续移动的趋势，并用腰腹力量控制上体，使身体重心稳定，达到制动。

2）两步制动法。

当身体惯性较大，又需要迅速制动的时候，就更适用两步制动法。两步制动时，以倒数第二步做第一次制动，紧接着跨出最后一步做第二次制动，同时身体后仰，重心下降，双脚用力蹬地，使身体处于有利于做下一个动作的姿势。

（2）技术分析。

制动的目的是恢复平衡，达到静止的状态。在最后跨出一大步跨出脚蹬地的同时，地面给人体一个支撑反作用力，其水平分力与身体的移动方向相反，从而使身体重心移动速度减慢。最后跨出一大步时，上体后仰，降低身体重心，使蹬地角减小，稳定角增大，有利于制动。

（3）技术要点。

跨大步，降重心。

（三）准备姿势与移动的运用

三种准备姿势的应用场景不同。稍蹲准备姿势一般应用于扣球助跑之前，对方正在组织进攻不需要快速反应启动的时候。半蹲准备姿势多用于接发球、拦网和各种传球时。低蹲准备姿势主要用于防守和各种保护动作时，其重心低，便于倒地和插入球下防守低远球。

队员根据其所防守位置的不同，准备姿势中两脚站立的方法也有所不同。为了对准来球，便于及时地移动，在左半场区时左脚站在前面，身体稍右转；在右半场区时应使右脚站在前面，身体稍左转。

并步的特点是容易保持平衡，便于做各种击球动作，主要用于传、垫球和拦网；跨步适用于来球较低、离身体 1～2 米垫击时；当来球距体侧 3 米左右时，可采用交叉步，其特点是步子大、动作快、制动强，主要用于二传、拦网和防守；当来球距身体更远时，可采用跑步。移动要快，关键是在不同的情况下采用的不同步法，以适应来球。为了更好地击球，并达到良好的击球效果，应力求在移动结束后能正面击球，或保持良好的击球面。

一步制动法多在短距离移动之后，前冲力不大时采用；两步制动法多在快速移动之后，冲力较大时使用。制动有多种方法，关键是最后一步都要跨出一大步。

（四）准备姿势与移动的教学及练习方法

1. 教学顺序

在日常的学习中，我们应该首先学习基本的稍蹲准备姿势，然后学习半蹲和低蹲准备姿势。准备姿势和移动姿势应该同步教学。按照并步、跨步和交叉步的顺序学习移动，同时介绍滑步、跑步和综合步法。

2. 教学步骤

（1）准备姿势的教学步骤。

1）讲解：准备姿势的目的与运用；准备姿势的分类；半蹲准备姿势的动作方法；稍蹲准备姿势、半蹲准备姿势和低蹲准备姿势的异同点。

2）示范：边讲解边示范。示范时，既要正面做也要侧面做。

3）组织练习：由原地做过渡到移动中做。

4）纠正错误动作。

（2）移动的教学步骤。

1）讲解：移动的目的与作用；移动与准备姿势的关系；移动步法的种类及在比赛中的应用时机；各种移动步法的动作方法。

2）示范：边讲解边示范。示范时，既要正面做也要侧面做。

3）组织练习：徒手练习、结合球练习、结合其他基本技术练习。

4）纠正错误动作。

3. 练习方法

（1）准备姿势的练习方法。

1）成两列横队，在教师指导下做各种准备姿势。

2）两人一组，一人做准备姿势，另一人纠正其错误。两人交换进行。

3）原地跑步，在跑步的过程中根据教师的手势、口令、哨音或其他信号做不同的准备姿势。

（2）移动的练习方法。

1）徒手练习。

a. 成半蹲准备姿势，根据教师口令和手势做各种步法和方向的移动。

b. 两人一组相对站立，一人跟随另一人做同方向的移动。

c. 以滑步和交叉步进行 3 米往返移动，手触及两侧线。

d. 从端线起，以教师规定的步法进 6 米，退 3 米，如此连续往返进到场地的另一端。

2）结合球练习。

a. 两人一小组，相距 6 米，各持一球，两人同时把球滚向对方侧体 3 米左右处，移动接住球后再滚给对方。如此反复进行。

b. 两人一小组，其中一人持球向不同方向空中抛出 1～3 米，另一人运用步法移动对准球，用双手在额前接住球。

c. 成纵队立于网前，同时教师向场地不同方向抛射不同弧度的球，学生依次运用步法接球。

第二节　排球战术教学和方法实践

一、排球集体战术概述

（一）排球战术的概念

排球战术是指在排球运动中，双方运动员根据比赛中的比赛规律，敌我双方的情况，以及临场变化所运用的具有组织的、有目的的针对对方而做出的排球策略。在排球战术中有队员个人战术以及集体协作战术。其中队员根据自身所处位置、自身技术水平以及场上情况来制定个人的战术如扣球、打手出界等；教练或者队长根据场上的情况来制定队员之间相互合作的战术。两者相辅相成、互相促进、互相补充。

球队在选择战术时，最本质的概括便是知己知彼。既要根据本队的实际情况，根据队员的技术水平、技术特点、身体状况以及配合条件等来选择自身的战术，又要根据对方队伍的技战术特点，采取灵活的行动打乱对方的攻势和防守，达到反战术的目的，掌握比赛的主动权。

（二）排球战术的分类

排球战术的分类是根据排球运动的特点以及战术本身独有的特点来将排球各种战术进行分类。根据参与战术人数的不同，可以将排球战术分为个人战术和集体战术两部分；由于有些排球技术具有攻防两重性，因此不再把个人战术细分为个人进攻战术与个人防守战术，而直接把个人战术分为发球、一传、二传、扣球、拦网和防守等。根据排球技术中许多技术动作都具有防守性和进攻性两大属性，我们又可以将排球战术分为集体防守型战术和集体进攻型战术。集体进攻战术也随着时代的发展而进步。目前集体进攻打法组合已从点面结合发展成为现代排球的立体进攻方式。同时，集体防守战术中同样不缺少防守阵型，如接发球阵型、接扣球阵型等，每一种阵型又各有不同。排球比赛中，除发球外，所有的进攻都是从防守开始的，防守的目的又是为了进攻，攻防不断迅速转换。通过进攻与防守战术的组合，实战中进攻战术和防守战术形成了接发球及其进攻、接扣球及其进攻、接拦回球及其进攻、接传垫球及其进攻的四攻系统。

（三）战术意识

战术意识是指运动员们为了达到自己的战术目的，通过一定的行动来支配自己的临场行为。其支配行为，便是由其战术意识所控制。这也是运动员在比赛中运用技术和实现战术时所具有的经验、才能的体现。战术意识支配着运动员在比赛中的判断能力、应变能力和实战能力以及每一项技术、战术的运用。

战术意识是运动员自觉的心理活动，有好的战术意识的运动员在比赛中更容易掌握赛场主动权。战术意识的好坏，是衡量运动员是否成熟的标志。因此，在实践和比赛中注重培养运动员的战术意识是十分重要的。

1. 战术意识的内容

（1）技术的目的性。

运用技术时要有明确的目标，力求每一个动作都达到预定的目的。目的明确，有的放矢，才能收到好的效果。

（2）行动的预见性。

排球比赛对抗激烈，场上情况瞬息万变，运动员为了使自己的技术、战术带有一定的目的性，就要分析情况，洞悉规律，知己知彼，预见未来。要根据临场情况，分析和预见可能出现的情况，随时准备采取相应对策。

（3）判断的准确性。

要进行正确的动作必须有准确的判断，运动员在赛场上应该主动扩大视野，眼观六路，耳听八方，在心中形成准确的判断，以掌握赛场的主动权。

（4）进攻的主动性。

很多时候进攻机会稍纵即逝，为了取得比赛的胜利，运动员应该主动积极培养进攻性，把握进攻机会，寻找一切可能的机会进行进攻。

（5）防守的积极性。

防守是进攻的基础，只有做好防守才能够稳住局面，发起又一次的进攻。运动员在场上应该充分调动自己的防守积极性。在战术意识中，也应该充分强调防守积极性的重要。

（6）战术的灵活性。

运动场上的局势多变，运动员的个人情况也会随时发生变化。无论是个人战术还是集体战术，都不能死磕教条，而应该根据场上的变化及时调整，因势利导。灵活运用、转化战术，使对方防不胜防。

（7）动作的隐蔽性。

隐蔽性主要是指假动作和隐蔽动作。假动作是为了迷惑对方，诱其上当。隐蔽动作是为了使对方摸不清技战术意图，达到出其不意、攻其不备的目的。比赛中，为了有效地攻击对方，必须使行动隐而不露，并要经常运用假动作和隐蔽动作去扰乱、迷惑对手的判断，造成其错觉，达到声东击西、以假乱真的目的。

（8）配合的集体性。

排球运动是一项集体性很强的比赛项目，一切技术的发挥和战术的运用，都必须以集体为中心。运动员要胸怀全局，通力协作，相互弥补，把个人的技术发挥融于集体的配合之中，尽一切努力促使集体战术的实现。

2. 战术意识的培养

战术意识不能放任自由，更应该有意培养。诚然，随着技术水平的提高，比赛经验的丰富，运动员的战术意识会不断增强。但有意培养与放任自由的结果却是截然不同的。

培养与提高运动员的战术意识，一般可采取下列措施与方法。

（1）根据每一项战术的内容和要求，划分出战术要点以及每一名队员在战术中所处的位置。有计划地培养每一名队员在自身所处的位置上的战术意识。

（2）技术是意识的前提，只有苦练技术才能为战术意识的提高打好基础。

（3）技战术实践要目的明确、方法用对，并要在实际训练中贯穿战术意识的培养，把基本技战术与战术意识的培养有机地结合起来，这是培养战术意识的有效方法。

（4）在加强基本技术实践的前提下，更要多进行比赛训练，从比赛的实践中提高意识，积累经验，吸取教训。

（5）培养和提高战术意识不可忽视的内容还有一点便是抓好无球技术动作的实践，否则动作跟不上意识就得不偿失了，运动员的无球技术动作合理与否，将对战术意识的实现起着很重要的作用，必须在实践中反复强化。

（6）运动员更应该加强专项理论知识的学习，提高对排球运动的发展态势、新规则与裁判法的认识，提高技术的运用能力。

（7）在实际比赛中要深入挖掘对方队伍的战术意识以及战术打法。通过掌握双方的技术特点，能够更有利于培养战术意识，也更符合比赛实际。

（8）加强临场比赛情况的观察与判断，在实践和比赛中要特别注重拓宽视野，做到明确情况，判断准确，从而来采取正确的技战术行动，加快战术意识的培养。

（9）发动脑筋，推陈出新。在平时训练与比赛的实践中，要积极发动运动员们认真思索，手脑并用，研究新思路、新方法。培养运动员在比赛中的主动意识，以及应对各种临场情况的能力。

（10）教练作为战术中的指挥者更应该要有敏锐的观察力和较强临场指挥的能力。教练能力高低直接决定着战术的是否合适以及队员之间的发挥与配合。故教练在实践中要对队员多加指导，穿插战术意识训练，这一点尤为重要。

（四）战术指导思想

一个球队在实践与比赛中指导战术行动的主导思想和所遵循的基本原则就是

战术指导思想。

一个战术指导思想是否是正确、先进，应看它是否符合排球运动得失分规律，并适应排球运动的发展趋势。制定本队的战术指导思想，应从实际出发，扬长避短，全面分析。要坚持走自己的路，形成本队的独特风格，并要考虑到以后比赛的主要对象和任务。

在贯彻执行战术指导思想的过程中，还应处理好几个关系：当前要求与长远目标的关系；国内比赛与国际比赛的关系；独特性与全面性的关系；继承与发展、学习与创新的关系；培养技术风格与苦练基本功的关系。只有处理好各种关系，一切从实际出发，才能迅速提高排球运动水平。

我国排球运动经过长期的实践，特别是经过国际排球大赛的锻炼，在总结正反两方面经验和教训的基础上，提出的战术指导思想是"在技术全面的基础上，向全攻全守的方向发展。发展高度，坚持快速，准确熟练，配合多变，实现全、快、高、准、变"。当然，各队的主客观条件不同，制定战术指导思想也不应强求一致，各队在统一认识的前提下制定战术的具体设想，都应结合本队的具体特点，包括对每个队员、每个轮次，以及攻防两方面的设想。一旦制定，就要把它落实到思想教育、作风培养、技术和战术、体能和心理实践的整个过程中去。

（五）战术与技术

战术与技术两者之间是相互依存、互相发展的辩证关系。技术是战术的前提和基础，一个运动员、一支球队没有熟练精湛的技术何来谈论训练完备的战术。战术是技术的合理组织以及运用。通过将各种技术组合在一起，达到一个战术所应具备的目的即进攻型战术或者是防守型战术。战术与技术也能够互相促进对方的发展，技术的发展能够有力地促进战术的更替，促进新的战术的形成。同时战术也能反作用于技术，对技术提出新的要求，促进技术的发展与提高。

战术和技术是在实践中不断发展的。技术的发展往往走在战术的前面，改进原有技术或出现某种新技术就可能形成新战术。但是先有新战术设想，再着手改进和实践技术，也可促进新技术的发展。

（六）战术的数量与质量

在比赛双方对抗中战术的数量与质量决定了战术的好坏，具有不可忽视的重要作用。数量是指战术的多样性，质量是指战术的实效性和熟练程度，两者的关系是辩证统一的。球队只有掌握了战术多样性才能在变幻莫测的赛场上灵活的运用战术，使对方难以猜测，达到压制对方的目的。

随着战术数量的增加，质量也应该同步得到提升。否则战术就将变成华而不实，光有数量，而没有质量。进攻型战术就应该有很好的进攻手段，在运用中能够一举突破对方的防线，这便是质量的体现。在球队的发展中不能盲目地追求战术数量而忽视战术质量，否则，必将使战术流于形式，而失去其应有的意义。

（七）集体战术与个人战术的关系

个人战术与集体战术的关系是部分和全局的关系。个人战术在运用中要有利于促成集体战术的实现。同时集体战术的运用，要有利于个人战术的发挥与发展，两者互相弥补。队员在比赛中的技术和个人战术首先要以集体战术为依据，必须服从集体战术的需要，密切与全队配合。在充分发挥个人战术的同时，必须要先保证集体战术实现，以此来丰富集体战术的打法，弥补集体战术的不足。

（八）进攻和防守

排球比赛中，进攻就是使球落在对方场区或造成对方失误而采取的一切合法手段。反之，为了不使球落在本方场区的一切合法手段，均属于防守。

加强进攻可以破坏和削弱对方的进攻，减轻本方防守的压力，争取比赛的主动权。防守的作用同样不可忽视，防守不仅是减少失分的一个重要方面，而且是得分的基础。除发球外，每发动一次进攻都是在防守的基础上进行的。可以说，没有防守就没有进攻。防守应该是积极的、有进攻意识的防守。

从 20 世纪 50 年代到 90 年代，排球的攻防之争已经发展出了很多类型，如"以攻为主""以攻为主，攻防结合""以攻为主，积极防守""全攻全守""立体进攻，活点防守"。攻防的发展变化，充分反映了人们在相当长时间的比赛实践中对排球运动认识的发展变化。在现代排球运动中，拼命的攻击和防守都不再能适应时代的需要了。

二、排球个人战术

排球个人战术是指队员在比赛中，根据临场的情况，有目的、有针对性地结合自身的条件所做出的个人技术动作。排球个人技术可以有效地发挥集体技术的优势以及弥补集体技术的不足。个人战术包括发球、二传、扣球、一传、拦网、防守个人战术等。

（一）发球个人战术打法

发球是排球技术中唯一不受他人制约的技术，所以发球个人战术具有相对的独立性和自主性。运用发球个人战术的目的是破坏对方的一传，为本方得分或反击创造有利条件。发球技术的有利运用能够很好地为己方争取主动性。根据临场情况，针对不同对手的接发球适应能力采用不同的战术，是很有必要的。具体运用如下。

1. 性能不同

（1）攻击性发球。

在保证准确的基础上，尽可能地发出速度快、力量大、旋转强、弧度平的攻击性发球，如跳发球等。

（2）飘球。

利用发球位置的不同，有意识、有目的地发出或轻、或重、或平冲、或下沉等各种性能不同的飘球。

2. 落点控制

（1）找薄弱区域的发球。

将球发到对方前区、后区、两个队员之间的连接区、三角地带等场区空当，给对方接发球造成困难。

（2）找人发球。

发给一传差、连续失误、情绪急躁或刚换上场的队员；也可以发给快攻队员或二传队员，给对方的战术进攻带来不便。

3. 节奏变化

（1）快节奏。

比赛中，打破常规，突然加快发球的节奏，使对方猝不及防，造成失误。

（2）慢节奏。

比赛中，有意识地放慢发球的节奏，如发高吊球，利用球体下落时速度的变化，使对方接发球不适应。

4. 线路变化

（1）长、短线结合的发球。

根据对方队员站位情况，时而发长线球，时而发短线球，以调动对方，掌握主动。

（2）直、斜线结合的发球。

充分利用 9 米宽的发球区，采取"站直发斜"或"站斜发直"的发球方法，突袭对方。

5. 性能变化

以相似的动作发出不同性能的球。

6. 根据临场比赛的变化采取不同的发球

如本方得分困难、落后较多和遇到对方强轮等情况，可采取先发制人的攻击性发球。在本方发球连续失误或比赛关键时刻，或在对方暂停、换人后以及对方正处于进攻弱轮次，本方拦网连连得分时，应注意发球的准确性，减少失误，抓住得分的时机。

（二）二传个人战术打法

二传个人战术的基本任务是利用空间、时间和动作上的变化，有效地组织进攻战术，给扣球队员创造有利的条件，使对方难以组织防御。具体运用如下。

1. 隐蔽传球

二传队员尽可能地以相似动作传出不同方向的球，使对方难以判断传球的方向。

2. 晃传和两次球

二传队员先以扣两次球吸引对方拦网队员，然后突然改扣为传。也可先以传球动作麻痹对方，突然改传为扣。

3. "时间差"跳传

二传队员在跳传时，改变常规传球的时间，采用延缓传球的方法，在人和球下落过程中将球传给快攻队员，以造成对方拦网队员的时间误判。

4. 高点二传

二传队员尽可能在跳起的最高点直臂传球，以提高击球点、加快进攻速度。

5. 选择突破点

根据对方拦网的部署，在传球时尽可能避开拦网强的区域，选择薄弱环节做突破口，以便在局部地区造成以多打少、以强攻弱的优势。

6. 控制比赛节奏

在对方失误较多或场上出现混乱时，可加快比赛节奏，以快攻为主。当本方失误较多或场上队员发挥失常时，可适当放慢比赛节奏，以达到稳定情绪、调整战略战术的目的。

（三）扣球个人战术打法

扣球战术是指球员根据比赛中对方的防守情况选择合理有效的扣球方式，通过线路变化、轻重变化、打吊结合等方式突破对手防守的有意识的行动。具体运用如下。

1. 路线变化

扣球时运用转体、转腕灵活地扣出直线、斜线、小斜线等，避开对方的拦网。

2. 轻重变化

扣球时，重扣有利于强行突破，轻扣可与打点有机结合。

3. 超手和打手

运动员充分利用弹跳力，从拦网队员手的上方突破；有时还可以利用平扣、推打等手法，造成拦网队员被打手出界。

4. 打吊结合

在对方严密的拦网下，先佯做大力扣杀，突然由扣变吊，将球吊入对方空当。这种打法与足球运动中的帽子戏法相似。

5. 左、右手扣球

佯攻的一种，利用异侧手辅助进攻，形成左右开弓式的扣球，以增加击球面和隐蔽性，提高应变能力。

（四）一传个人战术打法

为了组成本队的进攻战术而有目的的垫击被称为一传个人战术。由于各种进攻战术对一传的要求不同，所以一传的方向、弧度、速度、落点和节奏也各有不同。

具体运用如下：

组织快攻：一传球的弧度要平，速度稍快，以此加快进攻节奏。

组织两次球：一传球的弧度要高，接近垂直下落，以便扣两次球或转移。

组织交叉：一传球弧度要适中。3号位、4号位交叉，一传落点要靠近球网中间；2号位、3号位交叉，一传落点要在2号位和3号位之间。

组织短平快球。要根据是3号位队员还是4号位队员扣球来决定一传的落点。3号位队员扣球时，一传落点偏向2号位；4号位队员扣球时，一传的落点在球网中间区域为好。

当对方第3次传垫球过网时，一传可采用上手传球，以便更准确、迅速地组织快速反击或直接传给进攻队员扣两次球。

比赛中，如发现对方场区有较大空当或对方队员无准备时，一传可直接用垫、挡等动作将球击向目标区域，突袭对方。

（五）拦网个人战术打法

拦网个人战术是指运动员通过准确的起跳时机、起跳高度和假动作、手型变化等方式来实现的进攻行动。具体运用如下：

1. 假动作

拦网队员通过运用站直拦斜、站斜拦直、正拦侧堵及佯装拦强攻实为拦快攻等假动作来迷惑对方，力求提高拦网效果。

2. 变换手型

拦网队员起跳后，通过手型的随时变化对进攻对手的来球进行拦截。

3. 撤手

运动员在拦截过程中，发现对方要打手出界或平扣球时，则可在空中及时将手撤回，造成对方扣球出界失分。

4. "踮跳"拦网

身高和弹跳好的队员采用踮跳拦第一点的快攻球，再迅速起跳拦第二点的进攻来更好地拦击对方快速多变的扣球。

5. 前伸拦网与直臂拦网

在拦击对方中、近网扣球时，运动员手臂向前伸，尽可能前伸接近球，封堵对方进攻线路。在对方远网扣球时，尽可能直臂拦击，以增加拦网面。

6. 单脚起跳拦网

利用单脚起跳快、空中飞行距离长的优势，以弥补双脚起跳来不及的拦网。但要控制好空中飞拦的距离，避免冲撞本方队员。

（六）防守个人战术打法

防守垫击与接发球相比具有更大的随机性和突然性，难度较大。防守队员要选择有利的位置，采用合理的击球动作，将球有效地接起来，组织各种进攻。优秀的防守队员不仅要勇猛摔救，还要善于思考，判断准确。具体运用如下。

1. 判断进攻点，合理取位

要根据二传球的方向和落点，及时地做出判断，并迅速取位。如果球离网较近，本方队员来不及拦网，则防守取位可靠前，以封堵角度；如果球离网较远，则防守取位可靠后些。

2. "有利面"放宽

取位时把自己最擅长防守的一面适当放宽，如自己的右侧面防守较好，可把这个区域适当放宽，以扩大防守面。

3. 针对性防守

根据对方进攻队员的特点，采取相应的防守行动。对方只打不吊，取位要靠后；打打吊吊，则取位要灵活；只有斜线，则放直防斜。

4. 拦、防配合

根据前排拦网队员的情况主动配合、弥补，如采用拦斜防直或反之。

5. 上、下肢并用

充分利用规则，采用上、下肢的协调配合防守，如采用高姿势防守，上肢负责腰部以上的来球，下肢负责腰部以下的来球。

三、集体进攻战术

随着世界排球运动的发展，进攻战术丰富多彩，单靠个人体能和技战术能力，是难以战胜对手的。从实际比赛情况看，由前排队员的活点进攻发展到当前全方位的立体进攻，无不显示出集体战术的威力。

集体战术是指两名或两名以上队员之间有组织、有目的的集体协同配合。任何集体进攻战术的变化无不建立在进攻阵型和进攻打法的基础上。

（一）进攻阵型

进攻阵型，就是进攻时所采取的基本队形。合理地选择进攻阵型是各种进攻战术变化的基础。进攻阵型主要有三种，即"中一二""边一二"和"插上"。

1. "中一二"进攻阵型及其变化

由前排一名队员在 3 号位担任二传，其他两名队员在 2 号位和 4 号位进攻的阵型，称作"中一二"进攻阵型。"中一二"是最基本的阵型，其特点是二传队员在中间，一传容易到位，战术可简可繁，适合不同技术水平的队。技术水平较低的队可组织前排 2 号位、4 号位扣一般高球，技术水平较高的队可组织各种战术进攻乃至立体进攻。其站位及变化如下。

（1）"大三角"站位。

这是最基本的站位方法，其变化主要以 2 号位、4 号位进攻为主，辅以后排进攻等。

（2）"小二三角"站位。

4 号位队员位置不变，2 号位队员站在中场接发球，3 号位二传队员站在 2 号位和 4 号位队员之间的网前。这种站位实际上也是一种隐蔽站位的方法，1 号位队员可在 2 号位做佯攻，2 号位队员从中路进攻，后排队员从后排进攻。这种阵型有利于各种交叉换位进攻。

若 2 号位队员左手扣球得力，则可以在场区右侧站成"小三角"，即 2 号位队员位置不变，4 号位队员中场接发球，3 号位二传队员站在 2 号位队员与 4 号位队员之间的网前做二传，5号位队员在4号位做佯攻，后排队员从后排进攻。

（3）换位成"中一二"。

二传队员在4号位（或2号位）时，可以换位成"中一二"阵型。

（4）"假插上"成"中一二"。

3号位队员在4号位的右后方做假插上。

2."边一二"进攻阵型及其变化

由一名队员在前排2号位做二传，其他两名前排队员参与进攻的阵型，称作"边一二"进攻阵型。"边一二"也是基本的进攻阵型，其特点是二传队员在边上，对一传的要求稍高，但战术变化多于"中一二"进攻阵型，战术可简可繁，同样适合不同技术水平的队。其站位及变化如下。

（1）"边一二"阵型。

2号位队员站在网前任二传，3号位和4号位队员前排进攻，其他队员参与后排进攻。

（2）反"边一二"阵型。

前排一名队员在网前4号位站位做二传，其他队员参与进攻。如果2号位和3号位队员是左手扣球，采用这种阵型比较有利。

（3）换位成"边一二"。

通常采用反"边一二"换位成"边一二"阵型。

（4）"假插上"成"边一二"。

3号位队员在4号位队员的右后侧做假"插上"，形成"边一二"阵型，1号位队员做佯攻掩护，其他队员参与进攻。

运用"中一二"和"边一二"进攻阵型时应注意以下几点。

其一，采用"中一二"进攻阵型时，二传队员的站位应稍靠近2号位，避免与6号位队员重叠，以免阻挡视线影响其接发球。

其二，采用"边一二"进攻阵型时，二传队员的站位不宜太靠近边线，以免在运用"拉开""围绕"等战术时，因传球距离远而影响战术质量。

其三，采用换位成反"边一二"阵型时，4号位二传队员既要贴网站，又要贴边线站，以免造成与3号位队员位置错误或影响3号位和4号位队员的接发球。

3."插上"进攻阵型及其变化

后排任一队员插到前排做二传，前排三名队员进行扣球的进攻阵型，称作

"插上"进攻阵型。由于后排的"插上",前排可保持三点进攻,所以这种进攻阵型为国内外各强队普遍采用。"插上"进攻阵型有三种基本站位,即1号位插上、6号位插上和5号位插上。

运用"插上"进攻阵型时应注意以下几点。

(1)为了使"插上"队员能尽快插到网前,且不影响其他队员接发球,"插上"队员一般站在同列队员的侧后方,以便缩短"插上"跑动路线。

(2)"插上"要及时(对方发球击球后应立即"插上"),但又不应启动过早造成位置错误。

(3)采用"插上"进攻阵型时,前排三名队员都应具有较强的进攻能力并能打各种跑动进攻。

(4)"插上"的二传队员要有较熟练的传球技术和较高的战术素养。

(5)本队要有较好的接发球一传做保证。

(6)"插上"队员在"插上"过程中,应有接一传的思想准备,因为对方发球很可能破坏"插上"。

(7)反攻中应加强情况判断,有可能时,应迅速做行进间"插上",以保证前排的多点进攻。

(二)进攻打法

进攻打法是指二传队员与扣球队员之间形成的进攻配合,在每一种进攻的阵型中都可以灵活的运用各种进攻打法,以达到得分的目的。其中包括强攻、快攻、转移、立体进攻等。进攻打法形式多样,是赛场上的主要得分手段。

1. 强攻

运动员凭借个人力量和技巧强行突破对方的拦网和防守称强攻。强攻适用于在本方无掩护或较少掩护的情况下,是现代排球比赛中制胜的关键。强攻的高度和变化是强攻是否有威胁的重要因素,一流的强攻高度高,变化大,使对手难以揣测。

(1)集中进攻。

进攻队员在4号位或2号位扣二传队员传到较靠近3号位、较集中的、不拉开的高球进攻,或在3号位扣一般高球,称之为集中进攻。这种打法易掌握,也易被拦,适合初学者和水平较低的队运用。

(2)拉开进攻。

二传队员将球传到标志杆附近进攻的打法叫拉开进攻。拉开进攻可以扩大攻击面以避开拦网，有利于变化线路及打手出界。

（3）围绕进攻。

围绕进攻是更加灵活地进攻手段。主要是进攻队员绕过二传队员扣其传出的高球，避开对方拦网的有效区域和扣球后自然换位。围绕跑动换位的目的是发挥自己的扣球特长，这一打法有利于个人技术的发挥。

（4）调整进攻。

调整进攻是一种辅助进攻手段，在进攻中具有重要的作用。在比赛进攻中，当一传或防起的球不到位，球的落点离网较远时，就要由二传或其他队员把球调整传到网前有利于扣球的位置上进行强攻。调整进攻在接扣球防守反击中运用较多，并占有比较重要的位置。调整进攻对运动员的体能要求较高，必须具备一定的弹跳高度和力量，才能有效地突破对方的拦网和防守。

（5）后排进攻。

后排队员在进攻线后起跳扣球，称后排进攻。这种打法由于击球点离网较远，给对方拦网造成了较大困难。后排进攻能弥补较弱轮次，更多地发挥后排优秀进攻队员的作用，且易达到出其不意的效果，是有力的得分手段，在比赛中运用的效果显而易见。

2. 快攻

快攻是指各种快球以及以快攻作为掩护，由同伴或本人所进行的进攻。

（1）快球进攻打法。

快球进攻是我国排球的传统打法，其打法是二传队员将球快传给扣球队员，扣球队员快速挥臂击球。这一打法以其速度快、突然性强、掩护作用大的特点，有利于争取时间、空间和组织多变的战术。

组织快球战术主要靠二传队员与扣球队员之间密切相互配合。二传队员要了解扣球队员的特点，还要根据当时扣球队员上步情况，主动配合传球；扣球队员也应根据一传的特点及二传的特点，主动地加以配合，最重要的一点是要相信二传队员，否则就会犹豫不决，贻误战机。

（2）自我掩护进攻打法。

用打各种快球的假动作来掩护自己的第二次实扣进攻，称自我掩护进攻。自我掩护进攻主要有"时间差""位置差"和"空间差"三种。

1）"时间差"。

进攻队员先以快球进攻伴跳吸引对方拦网跳起，然后实扣半高球——利用对方队员拦网起跳的误差达到突破拦网目的的打法，称"时间差"。这种进攻在运用时要求扣球队员与二传之间通过暗号密切配合。扣球队员的第一次佯攻助跑上步、急停制动动作都要做得逼真，同时也要与快球实扣交替使用才能收效。

2）"位置差"。

佯攻的一种方式，进攻队员先以快球进攻佯跳吸引对方拦网跳起，之后迅速向侧方跨跳一步跳起扣杀，由于进攻队员扣球位置的差异，从而吸引了对方拦网位置的差异，以达到空当进攻的目的的打法，称"位置差"。扣球队员的佯攻要逼真，错位的移动要连贯，并与快攻实扣灵活交替运用，方能取得良好效果。"位置差"进攻打法有多种。

a. 短平快前错位：3号位短平快佯攻后向右跨步，用双脚或单脚起跳扣集中的半高球。

b. 近体快前错位：3号位近体快球佯攻后突然向左跨步起跳扣拉开的半高球。

c. 近体快后错位：3号位近体快球佯攻后突然向右侧跨步围绕到二传队员背后扣半高球。

3）"空间差"。

"空间差"也称空中位移进攻。助跑跳起后，利用身体在空中移动的幅度迷惑和避开对方的拦网，达到空当进攻的目的的打法，称"空间差"。因为进攻队员利用了起跳点和实扣点在空间上的差距，故名。这种打法进攻面宽、突然性大，很容易摆脱对方的拦网，但要求扣球队员有良好的弹跳、冲跳和空中平衡能力，并要与二传队员密切配合才能完成。"空间差"是中国运动员的创新动作。"空间差"进攻打法尚有很大的发展潜力，如能与"位置差"等打法结合起来运用，如错位后加"前飞"等，还可以进一步丰富"空间差"的战术打法，增强"空间差"的效果。

a. 前飞：队员在扣短平快的起跳点上起跳佯扣短平快，利用向前冲跳的惯性，使身体在空中水平位移到二传队员附近，扣近体半高球。

b. 背飞：队员在二传队员体侧、近体快起跳点上起跳佯扣近体快球，利用向前冲跳的惯性，空中位移到二传队员背后1～2米之间扣半高球。

c. 后飞：扣球队员在2号位佯扣背溜或短平快，起跳后向3号位"飞起"扣背快球。

d. 拉三：扣球队员在3号位佯扣近体快球，踏跳时向左侧冲跳，利用空中位移追扣二传队员向3号位传出的短平快球，以达到避开对方拦网的目的。

e. 拉四：扣球队员在短平快起跳点佯扣，踏跳时向左侧冲跳，利用空中位移，追扣二传队员传向3号位和4号位之间的拉开球。

f. 拉二：扣球队员在扣背快起跳点上突然向右侧冲跳，追扣二传背后的拉开球。

（3）快球掩护进攻打法。

快球掩护进攻是指全场队员利用各种快球吸引对方拦网，充分调动对方之后，然后给其他队员创造空网扣球的机会的打法。在快球掩护下，其他队员通过各种形式的跑动进攻，以起到出其不意、攻其不备、避实就虚的作用。现如今，掩护的打法已经越来越多，且由单人掩护发展上到多人掩护，由前排队员掩护发展到后排队员掩护。

快攻在现代排球比赛中发挥着极其重要的作用，其质量的好坏也直接影响着掩护效果。快球掩护进攻中，快球是要放在首位的。快球掩护进攻虽然利用各种扣球吸引对方拦网，以掩护其他队员的跑动进攻，其实二者是相互掩护，其他队员的跑动同样能吸引对方的拦网，以利于快球进攻。

在快球掩护进攻中，有交叉进攻、梯次进攻、"夹塞"进攻、双快和三快进攻、双快一跑动进攻等多种打法。

1）交叉进攻。

交叉进攻是指两名队员跑动进攻，助跑路线相交叉，起到互相掩护的作用，造成局部区域以多打少的局面。交叉进攻使拦网者来不及判断两名跑动的队员中真正的扣球者，故突然性大、攻击性强，用于对付对方的人盯人拦网收效甚好。运用交叉进攻时，要根据不同的交叉战术，确定相应的一传落点。二传球的高度不宜过高，以免对方补拦。交叉跑动的扣球队员在一传球即将到达二传队员手中时开始上步为宜。启动过早，易被对方识破或影响快球队员的跑动。在交叉进攻中，如将定位快球与错位快球结合运用，则变化更多，效果更佳。交叉进攻打法有多种。

a. 4 号位队员内切做扣近体快或短平快掩护，3 号位队员跑动到 4 号位附近扣半高球。

b. 4 号位队员做扣近体快球掩护，2 号位队员跑动到二传队员前面扣半高球。

c. 3 号位队员做扣近体快球掩护，二传队员身后的 2 号位队员跑动到二传队员前面扣半高球。

d. 2 号位队员做扣背快球掩护，3 号位队员跑动扣二传背后的短平快或半高球。

e. 2 号位队员微扣前快球掩护，3 号位队员跑动到二传背后扣半高球。

f. 3 号位队员做扣背快球掩护，2 号位队员跑动到二传前面扣半高球。

g. 3 号位队员做扣快球掩护，2 号位队员佯做交叉进攻，助跑途中突然向右侧变步，绕到二传背后扣半高球。这种打法称假交叉。在各种交叉进攻被对方识破时，都可采用这种进攻打法来摆脱对方的人盯人拦网。

2）梯次进攻。

一名队员打快球掩护，另一名队员在其背后打离网稍远的半高球的打法称梯次进攻。这种战术打法主要是利用在同一进攻点上有两人在不同时间进行扣球，使对方拦网队员难以判断，从而造成在一点上以多打少的有利局面。梯次进攻有多种：4 号位队员跑动至二传队员前面扣近体快球进行掩护，诱使对方拦网，而二传队员将球传给距网稍远一点的 3 号位队员扣半高球；3 号位队员扣快球掩护，2 号位或 4 号位队员在其身后扣半高球；4 号位队员扣短平快掩护，3 号位队员在其身后做梯次进攻；3 号位队员扣短平快做掩护，4 号位队员在其身后做梯次进攻。

在 4 号位队员做快球掩护的梯次进攻时，一传的落点和二传队员的位置要靠近球网的中间，以便缩短 4 号位队员快球掩护的助跑距离。运用 3 号位队员打快球掩护，2 号位队员梯次进攻时，二传队员的取位则应靠近 2 号位区。

3）"夹塞"进攻。

一名队员做扣短平快，吸引对方拦网，二传队员将半高球传至二传队员与扣短平快队员之间，而另一名队员突然跑到两人之间进攻，使对方拦网措手不及。由于另一名队员宛如一个塞子，突然塞进二传队员和扣短平快队员之间，故名。例如，3 号位队员先扣短平快球，4 号位队员突然跑动切入扣半高球。

4）双快和三快进攻。

前排两名或三名队员在不同地点同时发动快攻，称双快和三快进攻。双快和三快进攻中，由于几名队员在不同地点同时发动进攻，因此能起到相互掩护的作用。双快和三快进攻主要有以下几种：

a. 3 号位队员做近体快球进攻，2 号位队员做背快球的双快进攻。

b. 3 号位队员做近体快球进攻，4 号位队员做短平快进攻。

c. 3 号位和 4 号位队员可采用一长一短两个短平快进攻的"串平"打法，即二传队员采用跳起平传，两个扣短平快球的进攻队员同时起跳，靠近二传的进攻队员，可以实扣，也可以佯做挥臂而将球让过，让后面的扣球队员实扣。

d. 前排三名队员同时进行快攻。如 2 号位队员扣背快，3 号位队员扣近体快，4 号位队员扣短平快。

e. 2 号位队员扣背溜，3 号位队员扣短平快，4 号位队员扣平拉开。

5）双快一跑动进攻。

在双快的基础上，另一队员选择对方拦网的薄弱区域进行跑动进攻，这种打法称双快一跑动。双快一跑动有多种变化，示例如下。

a. 2号位或4号位队员进行快球进攻，3号位队员可根据对方的拦网情况，跑动到2号位或4号位做活点进攻。

b. 3号位和4号位队员进行近体快球和短平快进攻，2号位队员跑动到4号位打拉开进攻，以破坏对方的人盯人拦网。由于跑动距离长，因此扣球难度较大。

c. 3号位队员打近体快或短平快球，2号位队员打背快球，4号位队员大跑动到2号位扣拉开球。

3. 两次攻及其转移

当一传来球较高，落点在网前适当的位置，前排队员可以起跳直接扣球。这种进攻是三次触球机会中的第二次，故名两次攻，也称两次球或两次进攻。两次球如遇拦网，也可以空中改扣为传，传球转移给其他队员进攻，这就是两次攻及其转移。两次球可以加快进攻的速度、破坏对方的节奏，具有较大的突然性。因为两次球必将吸引对方拦网，所以两次球转移也能迷惑对方的拦网。这种扣球是在快攻基础上的拓展，进一步加快了进攻的速度，可破坏对方的节奏，打乱对方的布防。跳传转移又可以给同伴创造有利的进攻机会。

运用两次球进攻时，要求一传稳准地传到前排适当位置，进攻队员要有原地起跳扣调整球的能力。二传队员突然运用两次球进攻，由于出其不意，能取得最佳效果。为了便于两次球进攻，一传的出球路线应与球网成较小夹角，且传出球的弧度应稍高，速度应稍慢。运用跳传转移时，跳传队员必须具有进攻能力，才能吸引对方的拦网，应根据对方拦网的实际情况，做出扣或传的决定。跳传可以原地起跳，也可以助跑起跳，助跑距离以一两步为宜。跳传队员起跳要适时，过早起跳会使身体跳起下降时传球，从而影响传球的用力和准确度。当然，扣两次球的假动作应该逼真，否则会影响跳传转移的实际效果。

虽然两次攻可由任何一名进攻队员进行，但由于二传队员常常在网前2号位站位，因此两次攻大都由二传队员进行。两次攻中的跳传转移主要有以下几种变化。

（1）短传转移。

2号位队员跳传低球转移给相邻的队员进攻。

（2）长传转移。

2号位队员跳起长传给4号位队员扣球。

（3）围绕转移。

2号位队员跳起背传低球转移给围绕到身后的3号位队员扣球。

4. 立体进攻

立体进攻是集时间、空间和参与人数等各种因素于一体，进行各种打法多方位的编排组合进攻的统称。时间因素指进攻速度，包括二传的传球速度快慢的变化。空间因素指其不仅利用了球网的整个 9 米长度，利用了球网上空扣球高度的变化，而且由于后排队员进攻参与，使进攻区域向纵深拓展，进攻点可以在球网附近，更可以在进攻线附近，甚至在进攻线后。进攻在球网的三维空间体现了丰富的层次化，进攻人数由传统的前排两人或三人扩展到除一人担任二传外，其他五人都可参与。而集上述因素对各种进攻打法进行编排组合，使强攻、快攻、二次攻和"三差"进攻等融为一体，特别是由于前排与后排进攻的交融、快攻与强攻的交替、时间与空间上的变化，某一点的进攻与对方拦网形成以多打少，因此立体进攻已成为世界各强队常用的进攻打法之一。

立体进攻的精髓是前后排融为一体和互为掩护。在整个立体进攻中，后排队员的进攻参与占有极其重要的位置，在一定程度上决定着立体进攻的主攻方向，起到了掩护前排快攻的作用。

立体进攻已被高水平球队普遍使用，代表着当今排球发展的潮流。其特点是进攻点增多、攻击性强、进攻范围扩大、突然性大，有利于形成以多打少的优势。大力发展前后排互为掩护的立体进攻，是成为世界强队的必由之路。

优秀运动队往往采用"五一"配备，即 1 名二传队员。传统上，二传队员在"中一二""边一二"或"插上"时，站位一般在网前 2 号位和 3 号位之间。近年来，运用立体进攻时，二传队员的站位有距球网稍远的趋势，即站位更靠近进攻线。二传队员的这种站位，或可称为"心二传"。"心二传"由于既能快速传球给前排，又能快速传球给后排，因此有利于组织后排进攻及前后排相互掩护进攻，使前后排互为掩护的进攻战术有更多的变化，也更具迷惑性。立体进攻有许多打法，示例如下。

（1）3 号位队员打背快球，2 号位队员打背溜，4 号位队员打平拉开，1 号位和 5 号位队员在两翼进行后排进攻。

（2）3 号位队员打短平快，4 号位队员打平拉开，2 号位队员打背溜，5 号位队员从中路、1 号位队员从右翼进行后排进攻。

（3）6 号位队员后排起跳扣快球，4 号位梯次进攻，2 号位队员扣背快球，1 号位和 5 号位队员后排进攻。

（三）进攻打法的设计

进攻打法有许多，而且都可以进行组合，因此能组合成更多的打法。其实，快球掩护的进攻就是快球与其他打法进攻的组合，立体进攻也包括了众多进攻打法的组合和变化。

进攻打法的核心是要力争避开对方的拦网，把球扣过去。因此，各种打法都考虑了进攻的时间和空间。各种快球进攻力争一个"快"字，力争对方来不及跳起拦网，争取一个时间。"时间差"和梯次进攻也使对方拦网的时间判断有了误差，从而扣球得手。空间是指进攻点的位置。球网有 9 米长，充分利用球网的长度，因此就有了"拉开"或者"集中"进攻。扣球时，击球点离网越远，对方拦网的有效阻截面就越小，因此就有了中、远网进攻和后排进攻。进攻点的变化力争使对方拦网队员的移动发生障碍，因此就有了各种交叉、"加塞"和双快一跑动等；进攻点的变化努力使对方对拦网点误判，因此就有了"位置差"和"空间差"等。综合时间和空间因素，更可以设计或创造出更多的进攻打法。立体进攻就是综合了时间和空间因素的一种设计，当然它同时也有更多的包括前、后排队员的进攻参与。

如前所述，立体进攻是集时间、空间和各种进攻打法等因素于一体的多方位的组合进攻的统称，因此它必然比其他较单一的进攻打法更为丰富，一定意义上也更先进。

比赛中，进攻打法的设计应更多考虑本方和对方的实际情况与比赛过程中的瞬间状况。以己之长攻彼之短为最佳，以己之短攻彼之长为最差。有时候，"以长攻长"和"以短攻短"也不失为好方案。其实进攻打法本无先进和落后之分，能克敌制胜的就是好打法，最简单的高举高打若能奏效，同样是有效的进攻打法。

四、集体防守战术

（一）接发球及其阵型

接发球是进攻的基础，也是由守转攻的转折点，如果没有可靠的一传做保证，就难以组成有效的进攻战术，甚至会造成直接失分。

发球攻击性的提高，给接发球及其进攻带来了一定的难度，因此，加强接发球能力的实践、提高接发球及其进攻水平就显得尤为重要。

1. 接发球的基本要求

（1）正确判断。

接发球的质量很大程度取决于能否进行正确的判断。接发球时，注意力要高度集中，充分做好接发球的准备，根据对方的发球动作、性能、力量及速度做出正确的判断，及时移动取位，对准来球路线，运用合理的垫球技术将球垫给二传队员。

"远飘、轻飘点分散，平快、大力一条线"是比赛中发球落点变化的一般规律，可以根据临场发球落点的不同，采取相应的行动。

（2）合理取位。

组成接发球阵型时，应以前排靠近边线的队员为基准取位，同列队员之间不要重叠站位，同排队员之间保持适当的距离，以免相互影响。根据射出角的原理，快速有力的平直球发不到 A、B 两区。所以，取位时不要站在这两个区域内，2 号位和 4 号位队员的取位距边线 1 米左右即可。

（3）明确分工与配合。

接发球时，每一个接发球队员都应明确接发球防守的范围。划分范围不仅是平面的，还应根据来球的弧度高低进行立体空间划分。接发球队员之间应既有分工，又有配合，注重整体接发球的实效性，接发球能力好的队员范围可大些，后排队员接球范围可大些。

比赛中经常有球落在接发球队员之间的"结合部"，造成无人接球而导致失误。为避免这种现象的发生，队员之间可以遵循以下几条原则：由一传较好的队员或已经主动呼喊"我的"队员去接；球落在快攻与强攻队员之间时，原则上由强攻队员接更有利，以免影响快攻的速度和节奏；球落在前后排之间，最好由后排队员去接，以利于组成快速进攻；讲究集体配合，树立一人接球五人保护的观念。

2. 接发球阵型

接发球是进攻的起点，接发球的目的首先是使球不在本方落地，然后为进攻创造有利条件。在选择接发球阵型时，不仅要有利于接球，还要考虑本方所采用的进攻战术及对方发球的特点。

接发球阵型按接发球人数来分，主要有五人接发球阵型、四人接发球阵型、三人接发球阵型及二人接发球阵型。

（1）五人接发球阵型及其变化。

除 1 名二传队员站住网前或由后排插上队员基本不接发球外，其余 5 名队员都接发球，这就是五人接发球。五人接发球阵型是最基本的接发球阵型，水平较低和较弱的队大多采用这种阵型。

五人接发球的优点是每人接一传的范围相对较小，接发球时已站成了基本的进攻阵型，组成进攻比较方便。但缺点是后排插上队员插上移动距离较长；3 号位打快攻队员接发球时，不便及时上步快攻；有进攻特长的队员，有时不易换到能发挥特长的位置上去，要在接发球后才能换位，如善于扣 4 号位的主攻队员在 2 号位时就不易换到其擅长的位置。

五人接发球主要有以下几种站位。

1）"W" 形站位。

初学者打比赛多采用"中、边一二"进攻阵型，大多站成"W"形，也称"一三二"站位。插上也能采用"W"形站位。这种站位 5 名队员分布均衡，前面 3 名队员接前场区的球，后排 2 名队员接后场区的球，职责分明。

这种站位的缺点是队员之间的"结合部"相应增多，也不利于接对方发到边角上的球。

2）"M" 形站位。

"M" 形站位，也称"一二一二"站位，其优点是队员分布更加均匀，分工明确，前面 2 名队员接前区球，中间队员负责接中区的球，后面 2 名队员接后区球。这种站位对接落点分散、弧度高、速度慢的下沉飘球、高吊球及发到边线、角上的球时较为有利。缺点是不利于接对方发到场地两腰及后区的大力球、平飘球等。

3）"一" 字形站位。

"一" 字形站位是对付跳发球、大力发球、平冲飘球的有效站位形式。这几种发球的落点大多集中在球场中后区，接发球时，5 名队员"二"字形排开，左右距离较近，每人守一条线，互不干扰。

4）"假插上" 站位。

二传队员在前排时，可以运用假插上的站位来迷惑对方。如 2 号位队员站在 3 号位队员身后佯做后排插上，当一传来球弧度较高且靠近网时，假插上队员可突然打两次球或吊球，起到攻其不备的效果。同时，6 号位还可以佯攻进行掩护。

5）隐蔽站位。

接发球站位时，在规则允许的前提下，前排队员站在后排队员习惯站的接发球位置上，并把后排队员安排在似前排接发球的位置上，达到迷惑对方的目的。

示例1：3号位队员隐蔽站位。当1号位队员插上时，5号位队员佯做4号位队员，与2号位和4号位队员同时上前佯攻，吸引对方拦网队员，3号位队员则按预定的战术进行突袭。

示例2：3号位队员隐蔽站位。5号位队员插上。1号位队员佯攻，3号位队员就可以进行"夹塞"、梯次、拉开等战术进攻。

（2）四人接发球阵型及其变化。

四人接发球一般在插上进攻中运用，插上队员可与同列前排队员都站在网前不接发球，以缩短插上时间。

四人接发球阵型的优点是便于二传插上，不接发球的前排队员可以充分做好进攻的准备。但是接发球时每人负责一条线，对接发球队员的前后移动和判断能力要求较高。

由于接发球只有4名队员，因此大都采用"盆"形站位，主要形式如下。

1）"浅盆"形站位。

"浅盆"形站位，主要是接对方落点靠后或速度平快的发球。

2）"一"字形站位。

"一"字形站位，主要是接对方的跳发球、大力球及平冲球。

3）"深盆"形站位。

"深盆"形站位，接发球队员比较均匀地分散在场内，主要是接对方下沉球及长距离飘球。

（3）三人接发球阵型及其变化。

三人接发球一般是前排两名队员和一名插上队员不接发球，或前排3名队员都不接发球而由后排队员负担全场一传任务。其优点在于：快攻队员不接一传，有利于组织快变战术；前排队员交换位置更加方便，有利于组成快速多变的战术；可让一传差的队员避开接发球，减少一传的失误。但三人接发球阵型每人负责的区域相对较大，对判断、移动及控制球的能力要求较高。三人接发球的主要形式如下。

1）"前一后二"站位。

由1名前排队员和2名后排队员担负全场的接发球任务。

2）"后三"站位。

由后排3名队员担负全场的接发球任务。

（4）二人接发球阵型及其变化。

二人接发球是在三人接发球的基础上发展演变而来的。其优点是由一传水平最高的队员接发球，保证一传的到位率，能更好地发挥进攻威力。但对接发球队员的要求更高。这种站位方法多用于世界高水平的队。

1)"后二"站位。

2 名后排队员负责全场接发球，另 1 名后排队员不接发球，专门准备进行后排进攻。

2)专人接发球站位。

保持 2 名接发球好的队员接发球，3 号位和 6 号位两名队员就专门接发球。

(二) 接扣球防守及其阵型

接扣球防守包括拦网、后排防守两个环节。其中拦网是第一道防线，后排防守是第二道防线。有效的拦网不仅可以遏制对方的进攻能力，减轻后排防守的压力，还能提高防起率为反攻创造机会。

1. 拦网

(1) 拦网的基本要求。

拦网分为单人和集体两种形式，集体拦网必须建立在单人拦网技战术的基础上才能更好地发挥威力。单人拦网在第三章已做介绍，这里重点论述集体拦网的基本要求。

1)集体拦网时，要确定拦网的主拦队员，如拦对方两翼进攻，则分别以 2 号位和 4 号位队员为主拦，另一队员密切协同配合，防止各行其是。

2)起跳时，相互之间要保持一定的间隔距离，并控制好身体重心，避免互相干扰或冲撞。

3)拦网时，尽可能扩大拦阻面，但拦网队员手与手之间的距离不能太大，以免漏球。

(2) 拦网战术的变化。

1)人盯区拦网。

这是一种对付定位进攻及一般进攻配合较为有效的拦网战术。其特点是把球网分成左、中、右三个区，每一名队员负责一个区，以保证每一个区域至少有一名拦网队员拦网，并在可能的情况下，协助同伴组成集体拦网。人盯区拦网在运用时，对对方的常用战术应有所了解，且对方进攻战术比较固定时较为有效。负责拦快攻战术的两名队员，要根据对方战术的变化，确定谁主拦对方的第一球，以避免判断错误。

对方运用交叉和拉开进攻时，本方由负责左侧区域的 1 号位队员主拦 3 号位快球，负责中区的 3 号位队员主拦对方 2 号位交叉进攻，右侧 2 号位队员负责主拦对方 4 号位的拉开进攻。3 号位和 2 号位拦网队员相互兼顾，争取组成双人拦网。

对方运用"夹塞"进攻和背后拉开进攻时，本方 2 号位队员负责拦对方 3 号位的短平快，3 号位队员负责拦对方 4 号位的"夹塞"进攻，1 号位队员负责拦对方 2 号位的背后拉开进攻。

2）人盯人拦网。

拦网队员各自负责拦对方与自己相对应位置的进攻队员，进行固定人员的拦网，这种形式称人盯人拦网。其优点是职责清楚，分工明确。但当对方进行交叉进攻时，需要及时交换盯人拦网，以免造成无人拦网的被动局面。

对方做中间近体快、两翼拉开进攻时，本方 3 号位队员负责拦中间快球，2 号位和 1 号位队员分别负责拦两翼的拉开进攻，并在此基础上尽可能组成双人拦网。

对方采用交叉进攻及背后拉开进攻时，本方 4 号位队员拦对方 2 号位的拉开进攻。2 号位队员在盯住对方 4 号位进攻队员时，一旦发现 4 号位队员内切进行快攻，应立即与本方 3 号位队员呼应，交换盯人对象，即 3 号位队员拦对方快球，2 号位队员拦对方 3 号位队员的交叉进攻。

3）重叠拦网。

重叠拦网是在人盯人拦网基础上的一种发展。采用人盯人拦网对一般的配合进攻有一定的效果。但对付"交叉""夹塞"等多变的快攻战术时，拦网就会出现漏洞。为了便于交换拦网位置，前排拦网队员在网前不是平行站位，而是前后重叠站位，运用重叠拦网加以弥补，避免无人拦网。重叠拦网时，站在网前的拦网队员拦对方的第一球，重叠在后面的队员拦对方的第二球。

2. 后排防守

后排防守是第二道防线，是减少失分的最后一道防线和争取反攻得分的基础。虽然拦网技术有了很大的提高，但仍有很多球突破拦网后进入本方场区，成功的防守不仅争取了得分机会，还能鼓舞士气。

后排防守的基本要求如下：

（1）后排防守要与前排拦网密切配合，相互弥补。

一般来讲，拦网队员应封住对方的主要进攻线路，后排防守队员主要任务是防对方的次要路线、吊球和触拦网队员手的球。

前排拦网队员已封住对方的中路进攻，1 号位队员取位防直线，5 号位和 6

号位队员侧重防斜线。

前排拦网队员已封住对方的直线及中路进攻，5号位队员前移防吊球，1号位和6号位队员侧重防斜线。

前排单人拦网封住对方的中路进攻，6号位队员前移防吊球，1号位和5号位队员取位进行"双卡"防守。

（2）防守队员之间要相互保护。

由于每名防守队员的判断取位或垫击都可能出现错误，防起球的飞行方向也很不规律，所以场上其他队员都应采取补救措施，做好向各个方向移动的准备。

3. 接扣球防守阵型及其变化

防守阵型是拦网与后排防守的综合体，需要具体配合，否则就不可能有理想的防守效果。组织接扣球防守阵型时，应针对对方进攻的特点和变化进行部署，充分发挥本方队员的特长。

根据前排拦网队员的人数，接扣球防守阵地可分为单人拦网、双人拦网、三人拦网和无人拦网下的防守阵型。必须熟练掌握和运用各种防守阵型，才能适应比赛的需要。

（1）单人拦网时的防守阵型。

当对方技术水平一般，进攻能力较弱或对方战术多变无法组织集体拦网时，可采用单人拦网下的防守战术。单人拦网的优点是增加了防守人数，便于组织进攻。在水平较高的比赛中，由于对方进攻战术的多变，只能被迫采用单人拦网时，其他队员应立即下撤参加防守。

1）与对方扣球队员相对应位置拦网的防守阵型。

以对方4号位进攻为例，由本方2号位队员单人拦网，3号位队员后撤防吊球，4号位队员后撤防小斜线或吊球，后排3名队员组成半弧形防守圈，每人防守一个区域。

2）固定3号位队员拦网的防守阵型。

对方进攻队员从任何位置进攻，均由3号位队员拦网。如3号位队员拦网，2号位和4号位队员后撤与后排3人共同组成防守阵型；又如对方3号位队员进攻，本方3号位队员拦网时，6号位队员迅速向前移动防吊，其他队员负责各自的防守区域。

（2）双人拦网时的防守阵型及其变化。

双人拦网时的防守阵型有两种："边跟进"防守阵型和"心跟进"防守阵型。两种防守形式各有利弊，在比赛中不应单一地采用某一种形式进行防守，应根据本队的具体情况及临场变化，灵活地运用这两种防守战术。

1）"边跟进"防守阵型。

双人拦网的"边跟进"防守阵型也称"马蹄形"或"1、5 号位跟进"防守阵型。"边跟进"的优点是对防守对方大力扣杀有利。其弱点是球场中间空隙较大，容易形成"心空"，而且防对方直线进攻的能力减弱。

以对方 4 号位进攻为例：本方 2 号位和 3 号位队员拦网，1 号位队员"边跟进"防吊球，兼顾防直线及打手出界的球；6 号位队员防后场球，并注意弥补 1 号位和 5 号位的空隙；5 号位队员重点防斜线球和中场空心地区。4 号位队员后撤防小斜线及吊球。对方 2 号位进攻时，由本方 4 号位和 3 号位队员拦网，其他队员的防守做相应变化。

"边跟进"防守多在对方进攻能力比较强、战术变化多、吊球少时采用。其主要有"活跟""死跟""内撤""双卡"等阵型变化。

a. 活跟

对方在 4（或 2）号位扣球路线变化多，而且打吊结合的情况下，应采用活跟，由 1（或 5）号位队员灵活掌握，如 1 号位队员跟进，6 号位队员就要向跟进队员的防守区域一侧移动补位。

b. 死跟

在对方扣直线球少、吊球多或本方拦网能完全拦住直线时，如对方在 4（或 2）号位扣球，本方 1（或 5）号位队员就可以坚决跟进，以防吊球为主，兼顾防打手出界的球。6 号位队员就要迅速向跟进队员的防守区域一侧移动补位。

c. 内撤

对方在 4（或 2）号位扣球直线多，并经常吊"心"时，本方 4（或 2）号位队员可内撤到中场空心区域，重点防吊球。5 号位（或 1 号位）队员主要补防小斜线附近的球。

d. 双卡

当对方在 4（或 2）号位以吊球和轻打为主，打吊结合，而本方拦网较强时，就可以采用 4（或 2）号位队员内撤，1（或 5）号位队员跟进的"双卡"防守阵型，2 人协同防守前排的吊球。跟进要适时，过早易被对方识破，对后防不利。

2）"心跟进"防守阵型。

这种阵型也称"6 号位跟进"防守。当对方经常运用打吊结合，而本方拦网能力较强时，可采用"心跟进"防守阵型。"心跟进"对防吊球和防拦起球有利，也便于接应和组织反攻。但后场及"两腰"空隙较大，容易形成空当。

以对方 4 号位进攻为例：本方 2 号位和 3 号位队员拦网，6 号位队员"心跟进"防吊球及接应落入中场的球，其他队员负责各自的区域。此时，6号位队员主要防吊球、拦起球，接应后排防起的球。1号位、5号位队员负责后场区所有的球。4号位队员防小斜线及吊球。

3）三人拦网时的防守阵型及其变化。

三人拦网时的防守阵型，适宜在对方扣球队员攻击性强、线路变化多、吊球少时采用。三人拦网固然加强了第一道防线的力量，但后场空隙较大，同时也给拦网后组织反攻增加了难度。因此，在比赛中要灵活运用。要求拦网队员坚决果断，后撤迅速，积极参与反攻。三人拦网的基本防守阵型有6号位压底和6号位跟进两种。

a. 6号位压底

如对方3号位扣球，本方前排3名队员集体拦网，1号位和5号位队员扼守两腰，6号位队员压底负责后场球。此阵型对防守两侧腰部和拦网弹到后场的球较为有利，弱点是后场两角空隙较大。

b. 6号位跟进

如对方4号位扣球，则本方6号位队员迅速跟进到场心区域，防守中场及前场区的吊球，1号位和5号位队员防守直线、斜线重扣及两腰和后场的球。此阵型对防守吊心球有利，弱点是后场中路及两腰部空当较大。

4）无人拦网时的防守阵型及其变化。

比赛中，由于对方战术多变，本方拦网受挫，有时会导致无人拦网。在这种情况下，只能根据临场变化灵活取位，力争把球防起。在对方扣球能力很弱或进攻时球离网很远的情况下，可以主动不拦网，以"中一二""边一二"或行进中"插上"进攻阵型布防。初学者在比赛中常以传球和垫球为进攻手段，可以不拦网，以加强防守力量。

（三）接拦回球防守及其阵型

随着排球运动的发展，运动员的身高、拦网高度和技巧的提高，扣球被直接拦死或拦回的比例逐渐增大，故接拦回球的能力对比赛胜负的影响也越来越大。接拦回球是对本方队员进攻的保护，故俗称"保护"。

1. 接拦回球的基本要求

（1）进攻队员要从心理上做好防拦回球的准备，养成自我防拦回球的习惯。场上队员要形成"一人扣球，全体防拦回球"的整体防拦回球意识。

（2）以前场为重点防拦回球的区域。接拦回球时采用低重心、上体相对直立的防守姿势。充分利用各种垫球、挡球等技术动作，提高起球率。

（3）二传队员最了解本方的进攻点，应及时参与接拦回球。

（4）接拦回球时的起球弧度要高一点，以便组成有效的进攻。

（5）接拦回球时，应尽可能把球垫给二传队员，以便组成各种战术进攻。

2. 接拦回球阵型

根据本方进攻战术的需要及对方拦网队员的具体情况，可以灵活地采用不同接拦回球的阵型。

（1）五人接拦回球阵型。

本方以强攻为主时，进攻点明确，除进攻队员外，其他5名队员都可以参加接拦回球。

1）"三二"阵型。

这种阵型的使用较为普遍，在对方拦网强、拦回球落点大多集中网前时采用。以4号位进攻为例，3号位、5号位、6号位三名队员组成第一道防线。1号位和2号位两名队员组成第二道防线。

2）"二二一"阵型。

这种阵型在对方拦回球落点比较分散时采用。以4号位进攻为例，3号位和5号位队员负责前场区，2号位和6号位队员负责中场区，1号位队员负责后场区。

3）"二三"阵型。

这种阵型在对方拦网能力一般、拦回球落点比较分散时采用。以4号位进攻为例，3号位和5号位队员负责前场区，1号位、2号位、6号位队员负责中场区和后场区。

（2）四人接拦回球阵型。

本方以插上及快球进攻为主时，进攻点经常变化，除进攻队员及二传外，只有4名队员能参加接拦回球。

"二一"阵型：以2号位进攻为例，1号位队员插上，跳传给2号位进攻，3号位和5号位队员负责前场区，4号位和6号位队员负责中场区及后场区。

（3）三人接拦回球阵型。

本方以前排快攻配合为主时，进攻点变化较大，前排3名队员在掩护、跑动，二传队员组织进攻后要立即参与接拦回球，形成三人接拦回球阵型。如前排3名队员掩护、跑动，最终的进攻点在2号位，则1号位队员传球后立即下撤，5号位和6号位队员迅速向2号位移动接拦回球。

（4）二人或一人接拦回球阵型。

本方以"立体进攻"为主时，进攻点分散且变化大，场上 4 或 5 名队员在掩护、跑动进攻。因此，二传队员组织进攻后应立即参与接拦回球，形成二人或一人接拦回球阵型。

如：前排 3 名队员掩护、跑动，后排 6 号位队员进行后排进攻，1 号位队员传球后立即下撤，5 号位队员迅速向进攻点移动接拦回球。

又如：前排 3 名队员掩护、跑动，后排 1 号位和 6 号位队员进行后排进攻，5 号位队员传球后立即下撤，迅速向进攻点移动接拦回球。其他没有扣球的队员都应尽可能地参与接拦回球，以加强接起拦回球的几率。

第三节　排球教学技能的培养

排球教学技能是在排球课时教学过程中，教师指导学生时为达到一定的课时教学任务（或目标）所采取的一系列活动方式、途径和手段的总和。

教学技能是联结教师教和学生学的桥梁，是进行教学活动的必要条件，是激发学生学习动机和提高教学效果的途径。它具有传授知识、促进技能技巧形成、指导教学实践、发展教学经验、培养操作能力、影响世界观形成等基本功能。因此，排球教学技能是构成排球教学活动的重要因素之一，在排球教学过程中具有不可或缺的重要作用。

依据现代体育教学论的观点，排球教学技能可分为指导法、练习法。

一、指导法

排球课时教学过程中，学生能否掌握排球基本理论、技术、战术，养成良好的练习习惯，与教师的指导有着密切的关系。在排球课时教学过程中，常用的指导方法有讲解法、示范法、完整法、分解法和预防与纠正错误法。

（一）讲解法

讲解法是教师使用语言向学生传授课时教学任务（或目标）、教学内容、动作名称、动作方法、练习手段及操作形式、练习时间、练习次数、练习要求，以指导学生进行实践操作的方法。

（1）直述讲解：它是使用简明扼要的语言，且多用于对课时任务与内容、简单的技术环节与动作方法、练习形式与要求予以说明的一种讲解方法。

（2）概要讲解：它是使用技术动作、战术方法等要领或要点，提纲挈领地说明操作方式、方法，且多用于较复杂技战术环节教学的一种讲解方法，例如将扣球的挥臂击球动作归纳为"鞭"。

（3）分段讲解：它是依据技术动作、战术方法的若干环节，按其主次轻重，逐一地予以说明，且多用于较复杂技战术教学的一种讲解方法，例如扣球技术、拦防战术。

（4）侧重讲解：它是在分段讲解或概要讲解时，为突出重点、难点，且多用于较复杂技战术教学的一种讲解方法，例如扣球技术中关键的人一球关系保持。

（5）对比讲解：它是运用技战术相关理论，对某一环节操作时的异同、正误、优劣等予以辨析，且多用于解决较复杂技战术教学难点的一种讲解方法，例如垫球击球点的空间位置。

运用讲解法应注意的几个问题如下。

第一，明确讲解的目的。针对课时任务（或目标）和练习要求，要讲清重点和难点。针对练习过程中出现的问题，依据其涉及的范围，选择性地使用个人、小组和集体讲解形式。

第二，讲解的内容既要科学，又要符合学生的实际接受能力。尽可能使用相关学科原理进行讲解，但必须将其转换为实际生活中的实例，以便学生理解与接受。

第三，讲解应少而精。尽可能使用最集中、最概括、最精练的专业口诀、术语，讲清教材的重点、难点和关键环节，例如扣球两步助跑的节奏"先慢后快"。

第四，讲解要富有启发性。教师的讲解应尽可能联系日常生活中的经验，启发学生结合教材内容，引导学生积极思维，例如利用物体高速运行时突然停止所产生的状况，用以说明起跳过程中"制动"的动作功效。

（二）示范法

示范法是指教师（或指定的学生）以具体的操作为模型，展示动作技术的结构、要领和过程的教学技能。动作示范具有真实感强、灵活便捷、伸缩性大、针对性强、运用范围广和视觉效果好等特点。

运用示范法应注意的几个问题如下。

第一，示范动作必须按照动作规格的要求进行，力求准确、熟练、轻松、连贯、完美，给学生建立一个生动的动作视觉表象。

第二，明确示范目的，合理选择示范的时间维。在教新教材时，为了使学生建立完整的动作概念，应进行常速的完整示范；为掌握技术的某一动作或动作的某一环节时，则应进行中速、低速，甚至静止的示范。例如正面传球的手型与触球部位，可采用静止示范。

第三，明确示范的目的，合理选择示范的空间维。对于不需要固定场地的教学内容，例如准备姿势、移动、垫球，可以在队列中央的正面、侧面选择示范位置；对需要固定场地、器材的教学内容，例如发球、扣球和一般二传，则需要合理安排学生的队形和示范位置。与此同时，对于复杂的技术，例如传球和扣球，还应合理选择示范的方向。

第四，示范与讲解相结合。在学习新教材时，介绍了技术动作的名称、作用之后，应先做一次完整的动作示范，再讲述动作方法；在复习教材时，应先讲解，后示范，并将关键性环节的讲解与强化性示范同步进行，例如扣球击球臂的动作轨迹、传球的退让性动作。

（三）完整法

完整法是从动作开始到结束，不分部分和段落，完整、连续地进行教学的方法。其优点是不割裂动作环节之间的有机联系，不破坏技术动作结构。其缺点是不易掌握技术动作的关键环节。它多用于技术动作结构相对简单和技术动作内在结构严密而不易分解的教学内容，例如垫球和扣球技术。

运用完整法应注意的几个问题如下。

第一，简化动作要求。在开始进行复杂技术动作的完整教学时，应通过降低动作难度的途径，用简化动作要求的措施达成完整技术教学的目的，例如助跑起跳扣固定球。

第二，先注重技术动作的外形，后强调技术动作的内核。在进行复杂技术动作教学时，应在粗略掌握动作技术的基础部分和动作过程的前提下，逐步突出诸如方向、路线、节奏、发力顺序等动作细节。

第三，尽可能多地运用诱导性练习。以技能形成和迁移规律为基本原理的诱导性练习，具有与所学技术动作的结构相似、肌肉用力顺序趋于一致、练习情景雷同的特征。因此，它对正确掌握动作技术的重点和难点，加速动作技能的形成具有较大的促进作用，如传实心球、扣击吊球。

（四）分解法

分解法是把完整的技术合理地分成几个部分或几个段落，然后按部分或段落逐次叠加，直至最后完整掌握技术动作的教学技能。其优点是可以简化动作技术的掌握过程，有利于动作技术重点和难点的学习。其缺点是易于破坏技术动作结构，干扰正确技术动作的形成。

（1）单纯分解。它是一种将技术或战术分成若干个部分，按其先后次序，依次逐一教学，最后再将若干个部分全部综合起来的教学技能。此法适用于技术动作或战术结构相对松散而又较分明的教材，例如发球，先教准备姿势，再教抛球，然后再教挥臂击球动作，最后将三个部分连接起来。

（2）递进分解。它是一种将技术或战术分成若干个部分，按其先后次序，先教第一部分，再教第二部分，然后将第一、二部分联合起来学习，学会后再教第三部分，第三部分学会后，再联合第一、二、三部分进行学习，直至完整地掌握技术或者战术的教学技能。此法适用于技术动作或战术结构相对严密的教材，例如"中一二"进攻战术，先教后排三人接发球站位，再教三人接发球，然后将三人接发球站位和三人接发球结合起来学习，基本掌握以后再教"中一二"进攻阵型，最后将"中一二"进攻阵型与前面的两个部分联合起来练习。

（3）顺进分解。它是一种将技术或战术分成若干个部分，按其先后次序，先教第一部分，学会后再教第二部分，第一、二部分学会后再加教第三部分，直至完整地掌握技术或战术的教学技能。此法适用于技术动作或战术结构相对较严密的教材，例如正面扣球，先教助跑起跳，学会后再教原地挥臂击球动作，助跑起跳与原地挥臂击球动作学会后再教助跑起跳扣固定球，助跑起跳扣固定球学会后再加助跑起跳扣抛球，直至完整地掌握正面扣球技术。

（4）逆进分解。它与顺进分解法相反，是一种先学最后一部分，依次增加前一个部分直至完整地掌握技术或战术的教学技能。此法适用于技术动作或战术难度相对较大的教材，例如正面扣球可先教空中击球动作。

运用分解法应注意的几个问题如下。

第一，技术动作环节的划分应以不影响动作技术的结构的特征和不破坏各技术动作环节之间的有机联系为前提。

第二，运用分解法的时间不宜过长。为了防止分解的动力定型和破坏动作技术完成的连贯性，应适当地与完整法结合起来加以运用。

（五）预防与纠正错误法

预防与纠正错误法是教师为了防止和纠正学生在学习中出现错误动作所采用的教学技能。预防法具有超前性的特点，需要教师预见学生在操作过程中可能出现的障碍和错误，而纠正错误法则具有实时性的特点，需要教师针对学生学习过程中所出现的障碍和错误，迅速、及时地采取相应的有效措施予以准确的纠正。

运用预防与纠正错误法应注意的几个问题如下。

第一，钻研教材，总结教学经验，廓清错误成因，把握教材的重点和难点，预设预防措施，及时提供纠正手段。

第二，合理选择与运用诱导性练习，预防旧的动作技能对新学动作技术的干扰，适时采用有效的专门化练习，纠正错误动作。

第三，找准直接关系到动作技术完成与否的关键环节，采取相应限制性练习的纠正措施，予以及时强化。

二、练习法

练习法是指依据课时教学任务（或目标）有目的地反复完成某一动作，以达到提高身体素质、习得动作技能的教学技能。在排球教学过程中，学生除了遵循认知规律，通过视觉、听觉感知动作技术的过程、方法和要领之外，更重要的是通过肢体的各种活动形式来进行学习。这一基本特征，决定了练习法在整个排球教学过程中的作用与地位。在排球教学过程中，常用的练习方法有重复练习法、变换练习法、循环练习法、游戏法与比赛法，变换练习法和循环练习法多用于运动训练范畴，在此不做阐述。

（一）重复练习法

重复练习法是指在不改变动作结构和运动负荷的相对固定的条件下，根据动作的操作规范进行反复练习的教学技能。其特点是无严格的间歇时间规定。重复练习法有单一重复法、连续重复法和间歇重复法三种。间歇重复法多用于身体训练范畴，在此不做阐述。

1. 单一重复法

它是每练习一次就间歇一下的反复练习方法。其特点是持续时间较短，练习次数较少，练习密度较小，练习强度较低。

2. 连续重复法

它是在连续不断地重复某一个动作的练习过程中无间歇的练习方法。其特点是持续时间较长、练习次数较多、练习密度较大、练习强度较高。

运用重复法应注意的两个问题如下。

第一，在动作技术学习的初始阶段，为了使学生的练习注意力集中于动作方法以及便于教师观察，应多使用动作频率较低、练习难度不大的单一重复法。

第二，在动作技术的改进阶段使用连续重复法时应适当控制连续重复的次数，在间歇时间相对固定的状况下逐步增加连续重复的次数，或在连续重复次数相对固定的状况下逐步缩短间歇时间。

（二）游戏法与比赛法

游戏和比赛有同一属性，即竞争以获得胜利。游戏法是指在排球教学中，运用游戏的内容与方法，组织学生进行练习的教学技能，其特点是具有一定的娱乐情景和竞赛因素。比赛法是指在比赛的条件下，学习基本技术、运用基本技术、学习基本战术和发展专项能力的教学技能。

运用游戏法和比赛法应注意的几个问题如下。

第一，无论在课时的准备部分还是基本部分，运用游戏法时，其内容与形式都要服务于课时教学任务（或目标），例如在课时的准备部分应尽可能使用发展球感和熟识球性的游戏。

第二，无论在课时的准备部分还是基本部分，运用游戏法时，其运动负荷都应遵循人体活动的生理学规律，例如在课时的基本部分应尽可能采用跑动中的接力性传、垫练习。

第三，比赛可以在最简单、简单、较简单、复杂、较复杂的条件下和正式比赛的状况下进行，比赛规则可以变通，如传球比赛，在学习传球初始阶段可允许球落地一次再击球。

第四，比赛分组时双方实力应该基本均衡。

第五，比赛过程中执法必须准确、公正、公平。

第七章　排球运动员的体能与素质培养策略

在技战术体系日益完善的今天，排球运动员的体能与素质的竞争正成为排球竞赛的新焦点。本章将系统地阐述排球运动员体能训练的理论体系、排球运动员身体素质培养的理论与练习方法以及排球运动员的心理培养策略。

第一节　排球运动员体能训练的理论体系

体能训练过程是体能训练的实践，那么在实践之前，需要在体能训练理论的支撑下，才能进行的一项体能训练实践，才具有科学性。运动员的体能训练可以看作一个复杂的体系。在现代运动训练科学研究中，对于体能训练的研究很多，众多专家和训练组织者都进行了积极的探讨。然而，现有的体能训练研究大多局限于体能组成及其影响因素的理论研究、体能外显素质的对比研究和体能水平的评价与诊断研究。如果把体能训练过程看作一个治疗疾病的过程的话，那么，这些研究就是解决诊断的问题，也就是在一定程度上发现了病因，但应该如何治疗却没有给出相对具体的方法和手段。从这一层面来说，体能训练的理论体系和实证就是解决如何训练的问题，就是体能训练操作层面的问题，也是教练员较为关注的问题。

体能的训练是运动员各项能力训练中的其中一项，排球运动员体能训练理论体系隶属于排球竞技能力训练理论体系。其又包含着许多组成要素，可以分为训练目标、训练内容、训练方法和训练周期等。每个训练子体系下属的结构又可以进行再度细化或进行再组合，任何一个系统都不是独立的，几个系统之间相互交错、相互包容、相互影响。

一、优秀排球运动员体能训练的内容体系

（一）体能训练的核心

体能训练是一种实践的过程，不过，运动训练是一个包含内容十分广泛的过

程，是指运动员在教练员的指导下，提高或保持专项竞技水平的社会行为。体能训练是以教练员指导运动员进行的训练实践为核心，并与各方面对运动训练实践有重要影响的外部因素紧密联系在一起。这些因素包括训练实施过程、训练物质条件、训练科研保障、训练理论支持和训练决策把握等各个方面。从狭义上来理解运动训练，可以将之集中在训练的内容和方法上，包括训练活动的内容以及组织与安排等。因此，就排球运动项目来说，完全可以根据项目的特性，将对运动员的体能水平与运动成绩有重要影响的，既相互联系又相互制约的主要因素组织成一个整体，建立这个运动项目的训练内容体系。在现代排球运动中，准确地确立运动员体能训练的内容体系是实现其体能训练目标的重要保障。排球运动员的体能训练是一个涉及多因素的复杂系统，运动员在训练过程中要受到系统内外众多因素的影响。人体是一个开放、复杂的巨大系统，与自然环境和社会环境是相互作用的。因此，在对运动员实施体能训练时必须注重体能系统的整体性、关联性和综合性的方法，寻求训练内容设计与实施的最佳化。

（二）体能训练的影响因素

体能训练的必要性体现在，排球运动员的体能水平虽受到先天体质因素的影响，但更取决于后天训练的获得和提高以及与外界环境相适应的能力方面。排球运动员的体能水平是竞技能力的一种表现，影响排球运动员体能的因素众多而又复杂。因此，应根据运动员的生理、生化和形态特点来研究和选用科学的训练方法，把提高运动员各系统机能和一般运动素质作为基础，为进一步提高运动员的专项体能奠定基础。专项体能的发展水平是影响运动员在比赛中正确、合理、高效运用技术的重要因素。为了达到提高运动员体能水平的目的，需要采用科学系统的方法和手段来提高运动员的综合体能。根据现代排球运动竞技特征以及由此构成的对运动员体能需求的内涵，本着"符合运动员实际情况和项目实际需要"的体能训练原则，在排球运动员的体能训练内容体系构成中主要应围绕运动素质的提高来组织，并以此来提升各方面机能能力。

（1）体能训练包含的要素与结构。如前所述，排球运动员的体能是由身体形态、身体机能和运动素质等分类结构组成的一个有机、开放的整体，在对排球运动员体能训练内容的把握上首先应该体现排球运动的项目特征。当然，决定运动员体能水平的还有其他很多种因素，既受到运动员先天体质因素的影响，也取决于后天训练因素的获得以及与外界环境相适应的能力方面。在排球运动员体能组成的三种分类结构中，运动素质是可训练程度最高的一种，在训练内容的确定、方法和手段的选择上应以提高运动素质为主要目的。而身体机能和身体形态也必然随着运动素质的变化而变化。排球运动员的专项素质主要包括专项基本素质和专项复合素质两类。专项基本素质主要是指排球攻防对抗技术动作所需要的力量、速度、耐力和柔韧素质。其中，力量素质包括爆发力素质，而爆发力素质可分为弹性、反弹性和强制性爆发力。

（2）体能训练的目的在于提高体能素质。专项复合素质主要是指排球攻防对抗技术动作以及战术变换所需要的各种素质，主要包括专项力量、移动速度、弹跳能力、灵敏协调能力、挥击能力、专项耐力、专项柔韧能力和反应速度等。排球运动的专项复合素质实质上是由两种或两种以上的基本运动素质组成。

二、优秀排球运动员体能训练的方法体系

面向不同的体能训练内容，有不同的体能训练方法。"方法"一词在人类的发展史上、在科学的发展史上都有着重要的意义。"方法"的概念源远流长，其内涵经历了一个不断丰富、扩展和深化的过程。从界定"方法"的含义出发进行整体思考，现代意义上的方法一般是指为了达到某一目的而采用的各种途径和手段的总和。训练方法体系由五个要素组成，分别为竞技能力要素、内容组合要素、间歇时间要素、代谢特点要素和外部条件要素。每个要素又根据各自的组成特征包含子要素。在排球运动员体能训练中，发展任何一种素质的方法都不是固定的，是由多种方法来完成的，大部分时候是由多种方法组合而成。有效的训练方法和手段是排球运动员创造优异运动成绩的前提。排球运动体能训练内容的多样性和相互之间的联系性与层次性等特点，决定了训练方法和手段的多样化。排球运动体能训练方法体系，是以体能训练内容为主要依据，满足排球运动需要的各种体能训练方法，之后将这些体能训练的方法加以组合而成，在选择训练方法手段时不仅要以训练内容作为主要依据，还要与排球运动的技术动作紧密结合。在以力量、速度、耐力、柔韧和灵敏作为一般运动素质的基础上，重点发展移动能力的练习方法、挥臂能力的练习方法、弹跳能力的练习方法、协调能力的练习方法和专项爆发力的练习方法。将这些与运动训练学中的各种练习方法有机结合，就构成了优秀排球运动员专项运动素质训练的方法体系。

三、优秀排球运动员体能训练的周期体系

体能训练的理论已经得到长足的发展，训练周期理论已经诞生多年，一直作为运动训练的重要理论指导着训练实践工作。20世纪90年代以来，竞技体育的

赛制发生了很大的变化，运动员的竞赛次数明显增多，更多地服务于商业，原有的周期理论面临巨大挑战。排球运动员的周期训练体系是由多年周期训练体系、年度周期训练体系、阶段周期训练体系和基本周期训练体系构成。其中，多年周期训练体系一般是由奥运会等重要比赛的时间确定的，一般四年为一个周期；年度训练周期训练体系是以一年为一个周期，根据竞赛任务的不同来划分具体阶段周期；阶段周期训练体系是由若干个基本周期组成，每个周期任务不同类型也有差异，不同周期的时间跨度也不相同；基本周期训练体系是构成周期训练体系的最基本单位，根据具体的任务而制定。竞技体育发展趋势使得在一个大的训练周期内会出现几次竞技高峰。因此，训练周期的科学规划和设计对于优秀运动员来说非常重要。当然，对于每年中出现的多次竞技高峰都要求运动员全力对待是不现实的，竞技高峰出现的次数要由运动队和运动员的需要来决定。

（一）多年训练周期体系

运动员的职业生涯持续多年，多年训练周期体系是由多个年度成绩指标体系构成的，主要是由竞赛级别及准备过程的时间长短决定的。排球项目的多年训练周期主要是以奥运会的竞赛周期为主要依据，其他级别比赛也要服从于奥运周期。因此，可以根据奥运周期分为准备期第一年、准备期第二年、准备期第三年和奥运参赛年。

（二）年度训练周期体系

多年训练周期体系之下，优秀排球运动员的年度训练周期体系包含着多个不同类型、不同目标的训练阶段，要根据当年不同竞赛和训练特点来进行灵活安排，并且要服务于奥运周期目标。德国的体能训练专家约瑟夫·斯纳尔斯认为，合理有效的年度训练计划可以系统地让运动员达到最佳竞技状态，并维持尽量长的时间。制定年度训练计划必须要围绕全年的竞赛计划而进行，还要考虑运动员的生理、技术和心理等因素，教练员应该对整个训练周期进行合理规划。年度周期的体能训练主要可以分为准备期、竞赛期和调整期等。准备期的主要目标是让运动员的体能达到比赛的要求；竞赛期则应降低体能训练的比重，侧重于个人技术和战术的演练；调整期主要是消除比赛的疲劳积累，利用调整性的身体训练来为下一阶段的比赛做准备。

（三）阶段训练周期体系

阶段训练周期体系是由同一目的的小周期联合组成的阶段性训练周期，持续时间为 2～8 周。根据中国女排和男排的竞赛训练计划，高校体育教师可以看到，一个阶段的训练主要为 5～50 天。

（四）基本周期训练体系

基本周期训练体系是组成周期训练体系的基本单位。优秀排球运动员基本周期训练体系根据不同的分类标准可以分为功能特征周期、结构特征周期、内容特征周期和负荷特征周期。基本周期训练标准的确定要服务于阶段训练周期体系。

四、优秀排球运动员体能训练的目标体系

体能训练除了能够提高运动员赛场上的运动表现之外，也有其对应的体能训练目标体系，在达成赛场上的运动表现之外，《辞海》中对"目标"的解释是"预期要求达到的目的或结果"。它具有预测性、可计量性和激励性特点。目标的建立能够激励人们在自己的事业中发挥更多的能力，付出更多的代价去实现预定的目标。从 20 世纪 60 年代起就立志要夺取世界冠军的中国女排，经过几代人不懈的努力，终于在 20 世纪 80 年代初实现了这一夙愿。许多运动员为了达到自己的终极目标，都在日复一日、年复一年地进行着艰苦的训练，虽然只有极少数人能够取得成功，但他们仍然在每一次训练中尽一切努力提高自己的竞技水平。这里所设立的训练目标正是这种高度进取精神的源泉之一。训练目标体系是一个多层次的有序系统。一个完整的训练目标体系不应该仅仅局限于期望获得的名次或是可测量的一个比赛结果，而应该描绘出完整的目标状态。它主要包括三个层次，即运动成绩目标、竞技能力目标和训练负荷目标。运动成绩目标包括运动员在比赛中所表现出来的竞技水平和比赛名次两个方面；竞技能力目标是决定运动成绩的最重要因素，可分为反映运动员各种能力特征而又彼此紧密联系的一组具体指标；训练负荷目标是目标体系中比较具体的因素，包括对于训练内容负荷量和负荷强度的统计。

相应地，体能训练是运动员身体素质的其中一个面向，排球运动员的体能训练目标体系是运动员竞技能力目标体系的子目标体系之一，是一个有序的、复杂的系统。体能训练目标体系的确立是建立在对运动员状态的准确诊断上的，主要包括竞技能力目标和训练负荷目标两个部分，而这两个目标的训练效应则表现在运动成

绩目标的实现上。运动员的体能训练目标是使运动员在比赛中表现出充沛的体能，为运动员比赛中技战术的完成提供体能上的保证。体能训练目标的建立要保证四个条件：满足比赛要求的体能储备、满足承担训练负荷的要求、最佳的训练效果、动机和正确的态度，这一系列目标体系的实现取决于体能训练的方法和内容的运用。

第二节　排球运动员身体素质培养的理论与练习方法

一、力量

（一）力量的含义及种类

力量是指肌肉工作时克服阻力的能力。从生理学角度讲，它是运动员肌肉收缩程度的反映。

人体所有的活动都是对抗阻力产生的，体育运动较之日常活动要对抗更强的阻力，因此，力量是决定运动水平的重要因素。排球运动所需要的弹跳力、速度、爆发力以及耐力都是以力量为基础的，排球运动员应特别重视力量训练，高水平的力量能力对于提高技术水平具有极其重要的意义。

排球运动员需发展的力量包括一般力量、爆发力和力量耐力三种。一般力量是爆发力和力量耐力的基础，发展一般力量宜采用大负荷、少次数、多组次的练习方法。

爆发力又称速度力量，它是在尽可能短的时间内发挥出尽可能大的力量的能力。发展爆发力通常有两种方法，一种是用接近极限的负荷重复较少次数的练习方法，另一种是小负荷但运动速度较快的练习方法。

力量耐力是指在一段时间内反复承受某一负荷的能力。它对于在长时间的比赛中保持良好的体能、取得好的比赛成绩，以及坚持较长时间的训练都有重要的意义。通常采用负荷小、重复次数多的练习方法来发展力量耐力。

（二）影响力量的因素

1. 肌肉的生理横断面

横断面越大的肌肉，力量也越大。肌肉横断面增大的原因是由训练引起的肌纤维变粗。排球运动员的下肢需要较大的绝对力量或相对力量，因此，下肢肌肉需要较大的横断面。

2. 神经系统的协调能力

参加工作的主动肌、协同肌及对抗肌的协调能力，主要依靠神经系统来调节。除了肌肉间的协调关系外，主动肌本身的"内协调能力"对力量也有较大影响。所谓"内协调能力"，就是肌肉收缩时动员"运动单位"参加工作的能力。这在很大程度上取决于训练水平。据研究，训练水平高的运动员可动员80%～90%的"运动单位"参加工作，而一般人只能动员40%左右。

3. 骨杠杆的机械率

骨杠杆的机械率取决于肌肉群的牵拉角度、每个杠杆阻力臂和动力臂的相对长度。合理的机械率是由各部肌肉协调用力和正确的技术动作来体现的。

4. 肌纤维类型

肌纤维类型和所占比例对力量的影响也比较大。白肌纤维收缩速度快、张力大，是力量素质的主要因素。白肌纤维占的比例越大，肌肉的力量，特别是爆发力就越强。排球运动属于技术性项目，对于肌纤维比例的要求不像某些田径项目那样严格。据测定，排球运动员白肌纤维、红肌纤维所占比例各半。

5. 内脏器官机能

有氧代谢能力与力量耐力也有着密切的关系。

（三）力量训练的基本方法

肌肉收缩时有四种基本形式，即向心的克制性收缩、离心的退让性收缩、等动收缩和等长收缩。前三种形式可以归为动力性工作，等长收缩属静力性工作。

根据肌肉收缩的形式，力量训练方法可分为动力性力量训练、静力性力量训练、超等长训练和等动训练等方法。

1. 动力性力量训练

动力性力量训练又称等张训练。肌体在等张收缩时所产生的力量使肢体产生位移，从而使人体或器械产生加速运动。肌肉以这种形式工作时，一般是做向心收缩的工作，长度缩短，在工作的过程中，随着活动肢体关节的改变，肌肉在缩短过程中张力也发生变化。

动力性力量训练有两种主要类型：一种是大负荷、少次数，主要用于发展一般力量和爆发力；一种是小负荷、多次数，主要用于发展力量耐力。

2. 静力性力量训练

静力性力量训练又称等长训练。肌肉在对抗固定阻力时产生的力量维持和固定肢体于一定的位置和姿势，不产生明显的位移和运动。负重半蹲是排球运动员常用的静力性力量训练方法。

3. 超等长训练

超等长训练是一种能使肌肉产生牵张反射的力量训练方法，它是很好的发展爆发力的训练方法。最典型的方法就是"跳深"练习。

4. 等动训练

等动训练是在整个关节活动的范围内，肌肉群始终以最大张力收缩，而速度保持恒定的训练方法。它需要专门的器材才能进行，如等动练习器等。

（四）力量训练的要求

1. 不断提高刺激强度

肌肉对于外界的刺激会产生适应性的反应。一定强度的刺激，引起一定的生理反应。大强度或极限强度的刺激，可以使肌肉产生大强度或极限强度的生理适应。力量训练如果不逐步达到大的或极限的强度，训练的效果就比较差。

发展肌肉力量的生理过程是：刺激—反应—适应—增加刺激—反应—再适应—增长力量。

从发展力量的生理过程可以看出，进行肌肉抗阻力的训练可以增长肌肉的力量。如果阻力施加得合理（达到极限或较大强度），力量的增长就比较快。而增长了力量的肌肉，必须再增加更大的刺激，其力量才能继续增长。所以，发展力量要遵循极限负荷与逐步增加刺激强度的原则。

2. 有专项特点

对力量训练是否具有专项化特点的问题，曾有过激烈的争论。尽管两种方法都有效，但迄今科学论据还是强烈地倾向于支持力量训练专门化的理论。持力量

147

训练专门化观点的学者认为，力量训练应在运动解剖形式、肌肉收缩速度、肌肉收缩类型和收缩力量上尽可能地模拟实际从事的运动动作。有人甚至认为，力量训练在很大程度上是技巧的产物。有实验证明，训练效应甚至在训练时的关节角度上也存在着专门化。既然在简单的动作中也存在着动作形式的特异性（即专门化），那么在许多运动项目更为复杂的动作中，这种特异性将更为显著。因此，排球运动员进行力量训练时，一定要选择与专项技术相结合的动作方法，并力求在动作结构、动作速度等方面与专项动作相同。

3. 遵循力量练习安排的顺序原则

力量训练中，由于小肌肉群比大肌肉群容易疲劳，为了保证大肌肉群的大负荷，必须在小肌肉群出现疲劳前，使大肌肉群受到训练。例如，以负重蹲起训练腿部力量，达到相当重量或次数时，想要重点训练的股四头肌还没有达到疲劳程度，而腰背较小的肌肉已经不能坚持训练。所以训练时应注意采用适当方式避免这种现象产生，比如可以先采用其他训练方法，让股四头肌产生一定程度疲劳之后，再进行负重蹲起训练，如此使股四头肌先达到所需要的疲劳程度，或与其他肌肉同步疲劳，从而得到最大限度的锻炼。同时，还必须考虑在相继的练习中不要使用同一肌群工作，以保证肌肉工作后有足够的恢复时间。

4. 排球运动员力量训练应以动力性练习为主

训练实践中，主要采用的是动力性练习的方法。肌肉处于动力性状态下进行练习，力量可以得到很大的发展。

静力练习曾经被认为是提高最大力量的有效手段，但是，现代训练理论认为，力量训练最显著的特点是与专项动作及素质特点相结合。静力练习可以有选择地训练某一肌群，可作为康复的一种手段，并且不需要复杂的器材等。

等动练习可使运动员动作的任何阶段都表现出极限或接近极限的力量，可以达到其他负重练习达不到的效果。但目前等动练习并未在排球运动员力量素质训练中得到广泛运用，其主要原因是尚无适合排球运动员使用的专门器材。

（五）力量训练应注意的问题

（1）力量训练的安排要考虑力量增长与消退的规律。据研究，每天都进行一次力量训练，可以取得100%的效果；5天及间隔时间较长的训练，效果会减少；14天以上进行一次力量训练，基本上没有效果。因此，每周进行2～3次力量训练是必要的。科学实验表明：每天训练1次，20周时达到100%效果，在停止训练后的 30 周，力量即降到初始水平；每周训练 1 次，训练 50 周，效果只能达到 75%，但若 60 周不练，还能保持 60% 的效果。因此，短期进行突击力量训练，可以收到较好的效果，但消退也很快。细水长流的训练效果虽然不是很显著，但消退也慢。力量增长与消退的规律为科学安排训练提供了依据。

（2）要注意青少年的生理特点。少年时期的力量训练要十分谨慎，要重视其年龄特点。8～13 岁，发展全身各部位一般力量时多用动力性练习，多用负荷为自身体重的练习。这个时期主要通过肌肉组织的内协调来增加力量，不应该出现肌肉组织的肥大。男少年 13～15 岁是性发育的第一阶段，身高明显增加，采用对脊柱有负荷的力量练习时应特别小心。此时应采用轻器械的负重练习，如哑铃、轻杠铃等。这个时期可以通过增大肌肉体积和肌肉内协调两种途径来增长力量。16～18 岁可以逐步承担最大的力量负荷。在整个少年阶段进行力量训练时，都要考虑到少年骨化过程尚未完成的特点，同时还要特别注意区别对待。

（3）安排力量训练应注意整体力量练习与局部力量练习相结合，发展大肌群力量练习与发展小肌群力量练习相结合，使身体各部分力量匀称发展，同时防止由于局部负担过重而引起伤害事故。

（4）杠铃练习是发展力量的有效手段，但单一的杠铃练习还不能满足排球运动员需向各方向跳跃的要求。因此，在进行杠铃练习时还须辅以其他一些练习，如在练习的间歇中进行快速的小步跑、高抬腿跑、短距离的冲刺、原地或助跑的单双脚跳、跳绳、多级蛙跳等，也可以采用循环训练法将这些练习与各种杠铃练习组合在一起。这样，既可以防止肌肉的僵化，提高肌肉的弹性，又可以发展运动员的协调性和灵活性。

（5）进行力量训练前要做好准备活动，练习任务要明确，要求运动员精力集中、动作正确，注意不在身体疲劳时安排力量练习。大负荷练习时要加强保护。

（六）力量练习方法介绍

1. 发展腰部肌肉群力量的方法

（1）仰卧元宝收腹。

（2）仰卧起坐：徒手、负重（沙袋、杠铃片、实心球等）。

（3）仰卧举腿：无负重、负重（绑沙袋、双脚夹实心球等）。

（4）斜板仰卧起坐：徒手、负重。

（5）单杠或肋木悬垂举腿。

（6）俯卧体后屈（另一人扶脚）。

（7）腰腹练习：徒手、负重。

（8）背肌练习：徒手、负重。

（9）侧卧体侧屈。

（10）杠铃提铃。

（11）肩负杠铃，两腿开立，体前屈（小负荷）。

（12）双手持重物（杠铃片、哑铃等），腰绕环。

2. 发展下肢肌肉群力量的方法

（1）杠铃负重蹲起：半蹲、全蹲。

（2）杠铃负重半蹲静力训练（极限负荷）。

（3）杠铃负重半蹲接提踵（大负荷以上）。

（4）杠铃负重半蹲快速提踵（小负荷）。

（5）壶铃深蹲跳。

（6）负杠铃弓箭步行走。负杠铃左右交替台阶快速上下，小负荷。

（7）矮子步行走：要求双手摸脚后跟，行走距离视能力的提高而逐渐增加。

3. 发展手臂肌肉群力量的方法

（1）俯卧撑或俯卧撑击掌。

（2）手倒立（靠墙或不靠墙）。

（3）手倒立推起。

（4）手倒立行走。

（5）双人推小车，正反向。

（6）两人一组，面对面做头上抛实心球（单手、双手）。

（7）哑铃或轻杠铃片练习：起跳摆臂、快速挺举、连续快速推举、臂绕环、侧平举、前平举加扩胸、肩后臂屈伸、仰卧扩胸、俯卧扩胸、前屈臂。

（8）轻杠铃练习：连续快速挺举（前方、上方、斜上方）、连续快速推举（前方、上方、斜上方）、站立（坐姿）头后推举。

（9）卧推（渐增负荷至极限）。

（10）挺举（渐增负荷至极限）。

4. 发展手指、手腕肌肉力量的方法

（1）负重（杠铃、哑铃）腕屈伸。

（2）手持哑铃腕绕环。

（3）头上双手或单手手腕用力掷实心球。

（4）手指俯卧撑。

（5）卷重物。

二、速度

（一）速度的含义及种类

速度是指单位时间内完成某个动作或移动某段距离的能力。排球比赛是以适应迅速运动着的对手和飞速运动着的球为特点的，因而速度是排球运动员体能的重要方面。

排球运动员的速度可分为反应速度、动作速度和移动速度。判断场上变化情况、观察球的运行，需要反应速度；完成击球动作需要动作速度；抢占有利位置或争取最佳空间需要移动速度。由此可见，速度对于排球运动员非常重要。

1. 反应速度

排球运动员的反应速度是对排球场上由于双方队员行动的变化和球飞行的位置、速度的变化所产生的迅速的应答能力。这种能力通常以"综合反应时"来反映。

反应速度具有先天的因素，通过训练加以提高是有限的，而且有随年龄增长而减慢的趋势。由于排球运动信号感十分强烈，对反应速度要求很高，故应早期加强训练。

2. 动作速度

在排球场上完成各种击球动作的速度就是动作速度。

动作速度主要是克服运动员本身体重，阻力比较小，所需力量也比较小，主要是肌肉间的协调能力起作用。

排球运动对运动员的动作速度要求很高，据测定，男子扣球速度最快已超过30 米/秒，女子扣球速度最快已超过 20 米/秒，没有相应的挥臂速度是达不到这么快的扣球速度的。

3. 移动速度

单位时间内身体移动的距离就是移动速度，在排球场上由移动和扣、拦、助跑等的速度表现出来。

移动速度的快慢除了取决于协调性之外，还与克服较大身体惯性的能力有关。比如运动员从静止状态到迅速移动，或从移动到静止状态。

（二）影响速度的主要因素

1. 神经过程的灵活性

运动神经中枢兴奋与抑制的转换速度即神经过程的灵活性。身体运动是靠肌肉的收缩与舒张实现的，而肌肉是由神经支配的。因此，神经过程的灵活性好，反应速度就快；反之，反应速度就慢。

2. 肌肉的类型和肌肉活动的协调性

生理学研究表明，白肌纤维成分较多的人适宜于速度性项目，这是由白肌纤维的生理、生化特点（如ATP的含量及其分解与再合成的速度、神经冲动的传导速度等）决定的。肌肉各肌群之间协调性的改善可以提高活动速度，因为肌群的协调配合可以使肌群之间的阻力减小，从而提高肌肉活动的速度。关节的灵活性、对抗肌的拉长能力也有助于速度素质的提高。

3. 爆发力

力量、灵敏，尤其是爆发力的水平与速度密切相关。发展这些素质能有效提高速度素质水平。

（三）速度训练的要求

1. 改善中枢神经系统的反应能力

中枢神经的反应能力主要表现在反应速度上，而反应速度实际上是人体神经系统反射通路传导时间长短的体现，是人体神经系统受遗传决定的其所固有的生理过程。训练的作用是要把受遗传因素影响所决定的最高反应速度表现出来，并使其有较高的稳定性。排球场上许多运动反应实际上是运动条件反射。通过训练建立的运动条件反射越多、越巩固，运动员表现的反应就越快。

2. 与专项技术训练紧密结合

排球场上的速度有特殊的表现形式，信号感强烈，以短距离为主，且多变化。速度训练的手段与专项技术相结合，更能使速度发挥于技术之中。

3. 重视练习的强度和增强肌肉力量

运动员在完成速度练习时，要最大限度地动员自己的力量，使动作的频率快、幅度大，达到自己最高的速度水平。因此，采用大的、接近极限的强度，尤其是提高爆发力来提高肌肉快速收缩的能力，对发展速度有很好的效果。

4. 改善肌肉群之间的协调配合

改善协同肌与对抗肌之间的协调配合，可以提高动作之间的协调性。加强各种动作的辅助练习，可以培养动作过程中的放松能力。

（四）速度训练应注意的问题

（1）速度素质的提高较慢，所以其训练要保持经常性。

（2）速度训练应安排在课的前半部，在运动员精力充沛的情况下进行，这时中枢神经系统处于良性兴奋状态，进行速度训练效果最好。

（3）速度素质的训练应尽可能与排球场地和专项技术相结合。速度训练的专门练习可以帮助运动员建立起专项条件反射，从而提高其反应速度。

（4）在进行训练时要注意运动员的年龄和性别差异。对青少年运动员要抓住其速度素质发展的"敏感期"，大力发展速度素质。

（五）速度练习方法介绍

1. 反应速度练习

（1）全队分成两队面对站立，相距 1 米左右，看教练员手势做追逐跑。

（2）以站、坐、跪、卧姿准备，看教练员手势向各个方向起跑。

（3）躲避球击：全队分成两队，一队站在半场内，另一队站在半场外，场外队员用一球（或多球）抛击场内队员，场内队员躲避，被击中者出场或加入场外队，直至全部被击中。

（4）冲刺接球：教练员单手将球高举，队员在离教练员 3 米处准备。当教练员撒手让球掉下时，队员冲出在球落地之前将球接住。

（5）垫墙上反弹球：队员面对墙 2～3 米站立做好准备，教练员从队员身后向墙上扔球，要求队员将反弹回的球垫起。教练员扔球的角度与速度要根据运动员的反应能力而定，并掌握好练习的难度。

（6）队员背对墙站立，对墙抛球后迅速转身将反弹的球垫起。

（7）移动截球：教练员在网前站立，队员在半场中间准备，教练员向各位置抛球，要求运动员迅速判断移动，在球未出半场或落地之前将球截获。

（8）两人隔网相对，一人做各种快速徒手移动及拦网动作，另一人力争同步跟随。

2. 动作速度练习

（1）快速挥臂以扣球动作抽打树叶，树叶应在扣球手臂前上方最高处，抽打时肩部向上伸展。

（2）两人一组，相距 10 米以上，相互单手肩上掷排球。要求以挥臂扣球动作掷球，并且使球出手后近似平行飞行。

（3）距墙 10 米左右，单手肩上掷排球，要求以挥臂扣球动作掷出。

（4）两人一组，相距 5～6 米，单手掷实心球。

（5）原地对墙用扣球动作甩垒球。

（6）助跑起跳向网上甩垒球。

（7）连续跳 3 个不同高度的栏架，要求脚落地后立即跳起，节奏感要强。

（8）连续跳台跳深练习：8～10 个跳台，高 50～120 厘米，按照中间高两头低的顺序排列，距离 1.5～2 米，从第一个跳台跳下，着地后立即反弹跳上下一个跳台，连续跳完。

3. 移动速度练习

（1）在中线与进攻线之间做 3 米快速往返移动（侧向或前后）。

（2）"米"字形快速往返移动。

（3）结合球场移动步法练习：快速小步跑、快速交叉步跑、快速高抬腿跑、侧滑步跑、后退跑、各种移动方法的组合练习等。

（4）向前或向两侧连续做滚翻、鱼跃、前扑救球动作，或结合视、听信号做以上动作的组合练习。

（5）排球半场对角线冲刺。

三、弹跳力

（一）弹跳力的含义及重要性

弹跳力指运动员的跳跃能力，是运动员速度、力量、协调能力的综合表现。

从力学的观点看，决定弹跳力的因素是速度和力量。发展速度素质或力量素质都能有效地提高运动员的弹跳力。

弹跳力是排球运动员最重要的身体素质。提高排球运动员的弹跳力对于提高技、战术水平起着决定性的作用。随着排球运动的发展，网上争夺越来越激烈，对抗的空间范围日益扩大，参与进攻的人员也日益增多。同时，由于防守、保护、二传和调整能力的提高，连续扣球、拦网的次数增多，以及快攻战术的发展和变化，对于排球运动员的弹跳力提出了越来越高的要求。所以，弹跳力是排球运动员必须具备的特殊的身体素质，它不仅要求跳得高，而且要求跳得快，同时必须具备良好的弹跳耐力。

（二）弹跳力训练的要求

1. 重视身体的协调能力和起跳技术

弹跳力虽以力量、速度为主要素质基础，但身体的协调能力和起跳技术也不容忽视。常有速度、力量指标都不低的运动员弹跳力水平却不高，其原因多在协调能力和起跳技术方面。起跳时要特别注意摆臂和下肢各技术环节的配合。在跳跃动作练习和技术练习中，教练员应仔细观察每个队员起跳各技术环节并及时纠正错误动作。

2. 不同训练阶段的侧重有所不同

在多年训练的基础训练阶段，发展弹跳力的力量素质训练应重视数量刺激，以促使运动员增大肌肉，发展力量；在专项提高阶段，则应重视强度刺激，以促使肌肉质量的提高，达到提高弹跳力的目的。

3. 结合专项技术动作结构特点

弹跳力训练具有专门化的特点，因此，做负重蹲起时，动作结构与动作要求都应与专项运动技术的跳跃动作相同或接近。有研究表明，如果力量训练的动作结构与专项技术动作结构及练习要求有较大差异，训练效果就会下降，甚至出现消极转移现象。

4. 重视腰背肌肉及足弓肌群的训练

发展弹跳力不仅应重视下肢力量的训练，而且要特别重视腰背肌及足弓肌群的训练。腰背肌群的用力对于克服人体的惰性、提高起跳的初速度有重要的作用。足弓发力在起跳离地前的瞬间，人体已经获得一定加速度，此时足弓的推力会进一步加快起跳的速度，使人不仅跳得高，而且跳得快。

（三）弹跳力训练应注意的问题

（1）弹跳力训练要有多年规划和全年计划。在全年计划中要安排好每一阶段训练的重点。一般情况下，冬训期间弹跳力训练比重要大些，而且多采用力量素质练习的训练方法；比赛期间弹跳训练的比重可减少，并大多采用与技、战术密切结合的练习方法。

（2）青少年采用"轻重量刺激"（一般的负荷）就可增加弹跳力，但对于具有一定训练水平的运动员，则必须采用"强度刺激"（增加负荷与训练强度），不断提高和改变刺激强度。

（3）要大力发展伸膝肌群、屈足肌群和腰背伸肌、伸髋肌群的力量。同时，还要注意全身爆发力和协调性的训练。

（4）青少年时期是发展弹跳力的敏感期，应抓紧在此时期内进行具有针对性的训练。

（5）运动训练实践证明，"跳深"训练是发展弹跳力最有效的方法之一。

（6）进行弹跳力素质训练，要避免在过硬的场地上（如水泥地、石板地面）进行，以防止造成运动员的慢性损伤。

（四）弹跳力练习方法介绍

1. 各种徒手跳跃

（1）单足交替向前跨跳。

（2）原地跳起收腹。

（3）立定跳远或多级跳远。

（4）连续蛙跳。

（5）助跑起跳摸篮圈或篮板。

（6）原地直膝向上连续跳。

2. 利用各种场地器材的跳跃练习

（1）双脚跳越体操凳前进。

（2）双脚连续跳过栏架。

（3）连续跳台跳深练习。

（4）利用由低到高的橡皮筋连续向上跳。

（5）地上画线的各种交叉、转体跳。

（6）跳绳（单足跳、双足跳、双摇跳等）。

四、耐力

（一）耐力的含义及重要性

耐力是指人体不降低工作效率而长时间进行运动的能力，也是机体抵抗工作时产生疲劳的能力。

排球运动是以有氧耐力为基础，以无氧耐力为主导的一种竞技体育项目。排球运动员耐力水平的高低，对运动成绩有很大的影响。

排球比赛不受时间限制，一场势均力敌的比赛常常需要 2 小时，耐力的好坏可以直接影响运动员技术水平的充分发挥及比赛的结果。因此，排球运动员的耐力训练是很重要的。

（二）耐力训练的特点

1. 耐力提高得快消退得也快

经常性地有计划地进行耐力训练，短期内即可取得较好的效果。如果停止训练 3 周，就会下降到原来的水平。故排球运动员除日常正常训练之外，每周应进行 1～2 次专门的耐力训练。

2. 耐力训练要从少年时期开始

排球运动员所需的耐力以有氧耐力为基础，从少年时期适当地进行有氧耐力的训练，有助于提高运动员的心脏容积、最大吸氧量和恢复能力。这些因素也是健康机体的标志。因此，打好耐力训练的基础对提高专项运动成绩与机体健康都是十分必要的。

3. 排球运动员的专项耐力

排球运动员的专项耐力有弹跳耐力、速度耐力、移动耐力和比赛耐力。

（三）耐力训练应注意的问题

（1）在全年训练计划中，耐力应作为一个基础素质来安排。一般在冬训或一年训练之初安排一般耐力训练，作为全面训练的基础。赛前应减少一般耐力训练，增加专项耐力训练。

（2）大强度的耐力训练可单独安排训练课进行或者放在训练课的最后部分，训练课中宜安排一些强度较小的专项耐力训练。

（3）各种技战术训练和身体训练只要安排得当都可以提高耐力，在技术训练中采用极限训练法、间歇训练法、循环训练法都能有效地促进耐力的提高。

（四）耐力练习方法介绍

1. 发展弹跳耐力的方法

（1）用绝对弹跳80％的高度连续跳20～30次为一组，跳若干组（组间休息2～3分钟）。

（2）5分钟跳绳练习：双摇双脚跳30秒，左脚单跳1分钟，右脚单跳1分钟，完成两个循环正好5分钟（可根据训练水平调整负荷）。

（3）原地起跳，单或双手摸高。

（4）连续扣球：3～5人一组，每人扣球30～50次。

2. 发展速度耐力的方法

（1）400米跑：要求运动员在规定的时间跑完400米，间歇1分钟后再跑1次，共跑2～3次。

（2）30米冲刺：10次，每次间歇15～20秒。

（3）60米冲刺：10次，每次间歇30秒。

（4）3或5人一组，连续滚翻救球，每人30～50次。

3. 发展移动耐力的方法

（1）看教练员手势向各个方向移动，2～3分钟为1组。

（2）单人左右移动拦网各10次。

（3）单人全场防守，要求防起15个好球为1组。

（4）30秒3米左右移动5～8组。

4. 发展比赛耐力的方法

（1）连续比赛 7～10 局。

（2）身体训练以后再进行比赛。

按场上顺序轮转，在 6 个位置上做 6 个不同的规定动作，连续进行若干组。例如 1 号位跳发球、6 号位左右补位移动救球、5 号位滚翻防守救球、4 号位扣球、3 号位拦网、2 号位后撤鱼跃救球。

五、灵活性

（一）灵活性的含义及重要性

灵活性是迅速及时地改变身体或身体某部分运动速度和运动方向的能力。灵活性是运动员按照自己的意志控制机体协调、准确地完成各种复杂技巧的协调能力的体现，所以协调能力是灵活性的核心，灵活性与协调能力互为表里。

灵活性是由力量、速度、爆发力和协调能力结合而成的。排球比赛中快速变换方向、从一个动作迅速变换为另一个动作等技战术的运用，都需要有高度的灵活性及协调能力。灵活性的好坏也决定一名运动员的技术水平高低。

（二）灵活性及协调能力的训练特点

（1）灵活性和协调能力是一种综合能力，在训练时应将爆发力、反应力及速度等一系列的动作和要求揉合于单个动作或编组动作之中，使它们互相促进，互为表现形式，从而提高灵活性和协调能力。

（2）灵活性及协调能力受中枢神经系统的支配，因此应在神经系统处于良性兴奋状态时进行训练。疲劳时，训练效果会明显下降。

（3）青少年在生长发育阶段，灵活性及协调能力比较差，但不应当放弃训练。

（4）灵活性及协调能力有很强的专项化特点，因此，应尽可能结合专项技术来进行训练，至少应使选择的各种练习方法尽量接近专项技术动作。

（三）灵活性训练应注意的问题

（1）灵活性训练要求运动员注意力集中，动作准确快速。因此，应把灵活性训练安排在训练课的前半部，一般安排在准备活动中进行。

（2）腰、腹、背的力量对于灵活性起着重要的作用，是上下肢的纽带，因此在训练中应特别注意这部分力量的专门练习。

（3）应根据年龄特点，掌握好灵活性训练的安排。13～14 岁以前，通过训练来发展灵活性素质可以取得较好的效果；15～16 岁是快速生长期，灵活性增长较慢；到 18 岁以后灵活性又以稳定的速度增长。根据青少年生理特点，抓住灵活性发展的规律和时机进行训练，可以达到事半功倍的效果。

（4）灵活性由多种素质结合而成，在训练灵活性时应注意与其他素质训练结合进行。

（5）体重过大或疲劳会明显影响和破坏灵活性。皮下脂肪过多会降低肌肉收缩的速度和身体变向的能力，而过度疲劳会使包括灵活性素质在内的各种素质都受到很大的影响。

（四）灵活性练习方法介绍

1. 控制性练习

（1）两臂同时分别向前、后绕环。按教练员口令，两臂做同顺序不同起始节拍的动作。左手前平举，右手在体侧不动；左手上举，右手前平举；左手侧平举，右手上举；左手下放体侧，右手侧平举；左手不动，右手还原。

（2）两脚开立和并拢连续跳跃，双手从体侧平举至头上击掌，最后还原。

（3）分脚跳时，双手头上击掌，并脚跳时双手侧平举。

（4）连续交换单脚跳跃。前踢腿时，双手尽量摸脚尖；后踢腿时，双臂上振，反复进行。一条腿前踢落地后换另一条腿后踢。

2. 结合球练习

（1）持球躺在地板上，自己向上抛球后立即起立将球接住。将球用力向地面击打，待其反弹后钻过。反弹 1 次钻 1 次，力争钻的次数多。可以两人比赛。

（2）每人 1 球，连续运球从教练员拍球中穿过。

（3）向前冲，转身鱼跃（或滚翻）救球，再转身接其他动作。

（4）左、右脚单脚起跳扣球。

（5）连续接教练员扣、吊和扔的球。

3. 通过障碍练习

（1）运动员靠墙手倒立，停稳，听信号返下，转身移动至栏架前钻过栏架，双脚跳回栏架，双脚跳过栏架，绕栏架跑一圈，钻回栏架，双脚跳过栏架，跑去摸标志线。

（2）甲跪撑于地，乙在甲体侧做好准备，看到信号后围绕甲跑1圈，双脚跳过甲身体后立即做跪撑，甲再重复乙的动作。如此各做5次。

（3）把皮筋拉成边长2米的正方形，皮筋高度男子70～80厘米，女子50～60厘米（看运动员情况而定）。站在正方形之内，看信号双脚跳出，落地后立即钻入并用鱼跃或前扑去摸正方形中的标志物。如此按逆时针（或顺时针）方向做一周，计时。

（4）4个人做练习。分别站于四边形的一边，看信号后按上述方法顺时针方向连续进行，也可以互相追逐。

4. 绳球练习

（1）队员站成圆圈，当球飞来时迅速做规定动作，如收腹跳过、俯卧、仰卧、兔跃、原地鱼跃及原地向后转身鱼跃等。做完规定动作后应立即站好，准备做下一个动作。

（2）单人在地上连续做向前鱼跃、向后鱼跃、前空翻等动作。

（3）可以再加一个人在其对面做练习，也可以4个人在四个方向做。

5. 垫上练习

（1）前滚翻接后滚翻。

（2）鱼跃前滚翻，跃过1个人、2个人或4个人。

（3）前滚翻接跪跳起接后滚翻。

（4）直腿前滚翻接后滚翻推起成倒立。

6. 游戏性练习

（1）躲避球游戏。

（2）地滚球比赛。

（3）拉网捕鱼游戏。

（4）"贴膏药"游戏。

161

六、柔韧性

（一）柔韧性的含义及重要性

柔韧性是指人体的各个关节的活动幅度，肌肉、肌腱和韧带的弹性和伸展能力。柔韧性是由一定的关节或关节联合的活动范围来体现的。因此，联结关节的韧带、肌腱、肌肉以及皮肤的伸展长度和弹性对柔韧性影响极大。

排球比赛中，要求运动员身体各部分肌肉、韧带和关节都有良好的柔韧性，特别是肩、腰、髋的柔韧性要好。肩、腰的柔韧性好，可以增大扣球的动作幅度，提高挥臂的速度，扩大击球点的控制范围；髋关节的柔韧性好便于弯腰、跨步、低姿防守、倒地和起立。柔韧性好的运动员，动作幅度大，效果好，姿势舒展、优美。柔韧性差的运动员动作紧张、僵硬，效果也大受影响。柔韧性差会影响其他素质的发展，容易产生技术错误和运动损伤。因此，柔韧性对于排球运动员也是非常重要的素质之一。

（二）影响柔韧性的主要因素

（1）关节面的活动范围。

（2）关节囊的厚薄、松紧度以及它的纤维层厚度。

（3）关节韧带、肌腱、筋膜、肌肉的强弱和伸展性。

（4）主动肌的力量及主动肌与对抗肌的协调能力。

（5）气温的高低及准备活动的充分与否。

（6）训练水平的高低和年龄、性别的特点。

（三）柔韧性训练应注意的问题

（1）柔韧性训练要经常进行，使肌肉和韧带的伸展性不断得到发展，尤其要根据专项的特点和运动员的薄弱环节进行训练。柔韧性训练必须坚持循序渐进的原则，决不能操之过急，特别是不能进行急速拉伸肌肉与韧带的动作，要做好准备活动，逐渐增大动作的幅度和难度，以免造成损伤。

（2）柔韧性训练一般应采用动作结构与技术动作相似的伸展练习，并可以结合发展其他素质的练习进行，使之互相促进，朝有利的方向发展。

（3）柔韧性与年龄有很大的关系，儿童时期柔韧性最好，女孩又优于男孩。

因此，要掌握生理发展规律，及时抓住发展柔韧性素质的有利时机进行训练，才能取得较好的效果。

（4）气温对柔韧性有一定的影响，天气温和、全身发热时柔韧性好，天气寒冷、身体发凉时柔韧性差。为取得好的训练效果，进行柔韧性素质训练时要注意外界温度的高低。当气温较低时，准备活动要做到轻微出汗的程度。

（5）身体疲劳时不宜进行专门性柔韧性训练。

（四）柔韧性练习方法介绍

1. 发展手指、手腕柔韧性

（1）两臂胸前平屈，两手掌心相对，双手指尖向上，十指尖反复相压。

（2）压腕练习。持木棒做腕绕环。

2. 发展肩关节柔韧性

（1）背对肋木（或排球网柱）站立，双手从后上方握住肋木（或排球网柱），胸腹向前挺成弓形。

（2）背对肋木坐下，两手从头上握住肋木，两脚不动，腰向前挺起，持续数秒钟。

（3）双手握单杠悬挂，脚上悬挂重物（如杠铃片、沙袋等）或由他人施力向下拉，持续数秒钟。

3. 发展踝关节柔韧性

（1）跪坐压踝。

（2）负中等重量，踝关节做屈伸动作（提踵）。

（3）脚放在高约 10 厘米的木板上，足跟着地，做负重全蹲练习。

4. 发展髋关节柔韧性

（1）面对肋木，一脚站立，另一脚搁在高于腰的肋木上（可逐格升高），正侧位压腿。

（2）纵劈腿，横劈腿。

（3）屈腿坐下，两脚掌心相对，双手将膝关节向下弹压。

（4）面对肋木单腿站立，双手胸前握木，向左右和向后摆另一腿。

163

5. 双人练习

（1）两人对面站立，手臂互握，压肩练习。

（2）两人背向站立，双手上举互握，一人向前拉肩。

（3）两人同时抬腿前压。

（4）两人并肩站立，内侧手臂互握，同时踢腿。

（5）两人背向站立，互相背起。

（6）一人并腿或分腿坐地，另一人推其背帮其向前压上体。

（7）一人跪地后屈，另一人在其身旁进行帮助。

第三节　排球运动员的心理培养

一、一般和专项心理培养方法

（一）一般心理培养方法

排球运动员的心理培养方法中，一般心理技能，指适合所有运动项目特点的心理技能，如放松技能、表象技能、注意集中技能、目标设置、认知调节、暗示、模拟、生物反馈、应激控制、唤醒水平控制等。其中前五项最为重要。

1. 放松培养

一般心理培养方法中的第一步是放松培养，即个体专心致志地进入身心放松状态的培养方法，以达到放松肌肉、消除紧张的目的，常应用于一次性大运动量的身体技术、战术培养或比赛之后，以恢复个体的体力与脑力。其核心原理是通过肌肉放松降低整个机体的活动水平，从而实现心理放松，保持内环境平衡与稳定的目的。虽然一般情况下，培养与比赛所消耗的体力与脑力可自然恢复，但是大强度培养和剧烈比赛后的产生的疲劳数倍于常规情况，单纯依靠自然休息不足以帮助运动员消除疲劳，导致身心疲惫、精神萎靡，甚至影响培养进程与后续比赛表现，对运动员自身及整支队伍大为不利。此时，当采用放松培养，能够有效减缓和消除疲劳。放松培养的具体方法很多，根据实现途径可划分为呼吸放松法、肌肉放松法、想象放松法三大类，按照培养形式又可分为渐进式放松培养、印度瑜伽术、日本禅宗以及中国气功等。现行常见培养方法包括呼吸放松、想象放松、心情放松、渐进放松、自我暗示放松培养、自律培养、肌肉骨骼放松培养、超觉静坐、催眠术，等等。其共同点是要求放松者身处安静环境下，心情安定，注意集中，肌肉放松，循序渐进地缓慢进入放松状态。在对身体某部分肌肉进行放松时，要注意引导放松者细心体会放松时的感觉。放松培养属于互动性任务，其成败与否，取决于放松者对此项培养的相信程度及配合程度。衡量标准包括主观报告和外部特征，如面部表情，各肌肉松弛程度、肢体和颈部张力、呼吸节律等，若处于仰卧位则观察是否出现足外展。心理放松可以有效地消除紧张情绪和神经的疲劳，是调节身心、控制情绪的常规有效方法之一，但在实施过程中需注意系统性与长期性方能达到理想效果。

2. 表象培养

一般心理培养方法的第二步是表象培养即教练员、运动员和体育运动心理学工作者运用最为普遍与最信服的一种心理技能培养方法，指受训者在外部提示的引导下有意识地利用头脑中已有的认知材料，对某一事物、情景或动作完成过程形成准确、清晰、生动的视觉、听觉、动觉等，达到不实施动作或身临其境也能产生相应感知、模拟当时情景的作用。在运动培养中，也称为念动培养，或称回忆培养或想象培养。运动员常以此进行无器械、无他人协助的自主培养，而教练员则利用表象对动作建立、巩固正确动作、加深动作记忆、熟练动作行为模式、熟悉竞技情景与状态的特点，对运动员的基本动作进行塑造与调整，对赛前状态进行调整与适应，帮助运动员提升信心，达到最佳竞技状态。经过数十年的科研与实践，表象培养在提高个体运动技能和情绪控制能力方面的巨大作用得到了广泛的认同与肯定。

在心理培养中，一般心理培养一般在实施运动表象培养时，多配合语言引导（如关键要领），并形成相应的固定化、程序化的"规范性指导语"。这种内部重复演练动作表象的培养过程能使表象过程中相应动作部位发生与动作实施时相同的肌电活动，但在频率与强度上弱于实际动作。这是由于个体在发生并操作动作表象时会伴随与实现该动作相同的神经冲动，使相应皮质中枢兴奋，恢复原有暂时联系。在进行表象时，受训者需保持放松、平静，集中精神，细细体会，充分调动已有的记忆材料，尽可能清晰、准确、完整地复现真实情景与感知体验，并依培养侧重对表象进行有效操作。

表象培养中的突出问题在于监测手段，即了解个体形成之表象的准确度、清晰度和可操作程度的手段。现行常见手段包括问卷法、操作法和心理生理指标法，但在应用于实际培养中都存在不同程度的困难。其中量表测量包括 Betts 量表、视觉表象清晰度量表及其修订版（the Vividness of Visual Imagery Questlonnalre，VVIQ）和运动表象清晰度量表及其修订版（Vividness of Movement Imagery Ques tionnaire. VMIQ；Movement Imagery Questionnaire—Revised，MIQ—R）；实验操作法以心理旋转操作为主；心理生理指标主要以经颅磁刺激和功能磁共振成像为主。虽然这些手段在实际培养中无法完全满足实时监控和实时综合的要求，但其有效性毋庸置疑。研究者和培养者可以在实际应用中按照需要进行选择。

3. 注意集中培养

一般心理培养的第三个方面是注意集中培养，即培养个体有意识地将心理活动指向和集中于指定目标，以提高练习者的专注力，延长注意稳定性。良好的注意力能保证运动参与者对自我心理活动的控制，即排除内外干扰，将心理活动稳定地指向于运动操作之上，提高运动技能的学习与完成的效率，减少和防止分心及由此引发的伤害性事故和情绪波动（Choke 现象）。

注意集中培养的方法主要包括利用视听集中注意、呼吸集中注意和想象集中注意三种。视听集中注意是利用对某一目标的视觉专注或利用听觉对某个声音的"追随"达到提高注意集中能力的方法。呼吸集中注意指个体通过有意识地调节自体呼吸，将大脑和身体活动有机联系起来，实现注意集中能力的练习与提高。在进行呼吸集中注意时，练习者需首先掌握腹式呼吸的基本要领，呼吸动作尽可能达到深、长、细、匀的标准。在练习时，要将注意稳定于呼吸的动作和过程，随时关注自身呼吸的动作和气体出入的感觉，待呼吸顺畅、稳定后，在头脑中进行"数息"。随着呼吸深度的加强和数息数量的增加，注意的焦点也会更趋集中。而想象集中注意是利用想象活动，将意识集中在注视和形象回忆上，从而提高注意能力的方法。除此之外，还可以借助仪器，如注意力集中能力测定仪。该仪器由转盘、控制、计时及计数系统组成。通过转动转盘使测试板透明图案产生运动光斑，要求受训者在噪音干扰情景下持 L 形光笔追踪光斑，以成功追踪的用时及正确率衡量个体的注意集中程度。

值得注意的是，注意集中的培养的是一个长期缓慢的过程，需要受训者始终保持适宜良好的情绪状态，做好集中注意的心理定向；而教练员在培养时也应注意区分注意涣散与正常注意起伏，把握注意的品质、一般规律及受训者的注意特征，师生间通力合作方能达到提高排除干扰的能力、防止心理疲劳的目的。

4. 目标设置培养

一般心理培养的第四个方面是目标即特定时间内个体所期望、预计、试图达到的某一特定水平或客观标准，往往具有预设性、方向性、时限性、可行性、可评估性等特点。所谓预设性，即目标的设定先于任务的完成，对任务进行其指示、引导、督促的作用。方向性是指目标因动机倾向而向某一定标准的趋近，如夺得比赛的冠军、战胜对手或是完成某一技术动作、每天练习发球 500 次等，其中前者将关注的焦点与努力的方向集中于行为的结果，属于竞赛结果目标，而后者更注重自身技能的发展与巩固，属技术表现目标。时限性即目标完成的时间限定，如一周、一个月、一年等，需视目标的难易程度、自身条件、外部因素等制定。有时因目标比较大，进行子目标设定时也会进行子时限设定。可行性即目标实现的可能性，当目标设定过低时则目标设定不能起到敦促培养、提高水平的效果，当视为无效目标；当设定过高时个体无力完成，除了耽误培养计划还会挫伤个体的积极性，亦是无效目标。所以，在目的的设定时需准确把握目标实现的可行性，平衡任务难度与个体实际能力，使目标既可以指明个体的努力方向，又切合个体能力，可以达成。可评估性即目标的实现与否，需要有客观指标的判定与佐证，以客观衡量任务完成的效果。

目标的种类根据不同的划分方法产生不同的分类，如根据目标指向的不同，可分为结果目标（争得冠军、战胜对手、取得名次等）和技术表现目标（成功发球 1000 次等）；依据目标实现时间的长短可分为短期目标（4 周以内）、中期目标（一个月以上，一年以内）和长期目标（一年以上）；根据目标表述语言的具体性，可分为一般目标（尽力而为）和具体目标（用 12.50 秒跑完 100 米）；根据目标实现的可能性，可分为现实而具有挑战性的目标和过易或过难的目标等。除此之外，因目标对个体重要性的不同而产生心理和行为上不同的效应强度。当个体重视某个目标或认为该目标具有重要个人意义和社会价值时，为实现该目标而付出的努力就会增加，反之努力就会减少。

在目的的制定时，需明确目标的具体内容、完成时限、手段、方法、预期标准、重要性等，就体育运动者而言，目标内容可以是掌握一定的体育运动知识、提高身体能力或发展心理技能等。具体原则包括：①提倡技术表现目标的设定，鼓励并引导运动员关注自身运动水平的提高。在体育教学中，技术表现目标的设定更有利于受训者对更佳运动表现的追求，更关注自身能力的发展与提升，如使动作自动化、提高跳跃高度、提升体能、增强扣杀力度、提高防守成功率等；而结果目标则更关注自身成绩与他人成绩比较的结果，更强调竞争性，如取得名次、战胜对手等，这将干扰个体比赛的注意力和培养定位，容易导致竞技情绪不稳定，或"没有对手就练不下去""击败对手就沾沾自喜"等问题。②合理设置目标难易程度，务必帮助学生以合理可行作为设定的基本原则，将目标设置在个体能力可达的范围之内，即个体经过自身努力确实可以实现。只有这样才能在实现目标的同时增加个体实现目标的愿望、责任和自信心。反之，则会削弱个体的积极性、陷入焦虑与不自信中，甚者陷入习得性无助，丧失实现目标的愿望。

5. 认知调节培养

一般心理培养的第五个方面是认知调节培养，运动员的情绪调节与控制通常分为生理调节与认知调节两种，其中生理调节以放松培养为主，而认知调节更侧重从对事物的认识与个体观念上进行调整。具体而言，认知行为调节可分为四个阶段：①探查阶段，此时，心理学引导者要尽可能全面了解服务对象的各方面的情况，比如他的早期经历、家庭情况、世界观、认知系统的特殊性、社会支持系统完整性等。②帮助阶段，该阶段中，心理学引导者向服务对象介绍一种更加开放、更加积极的认知模式，帮助服务对象重新审视生活中的问题与困难，建立"问题是可以解决的"的观念，并尝试学习具体的应对策略与解决方法。③巩固阶段，即帮助服务对象将新习得的观念、方法、行为模式固定下来，成为其日常生活的一部分。④评价阶段，此时心理学引导者应对自己此次帮助的目标、措施、结果进行评估，并与服务对象共同探讨此次认知行为变化对他生活的启迪与意义，了解其在认知上的转变，以便对此次服务做出最终评定。四个阶段相辅相成，无明显界限区分，新问题的产生或旧问题的解决都可能是四个阶段间的分界线。

6. 暗示培养

一般心理培养的第六个方面是暗示培养，是通过言语等刺激物对运动员的心理施加外显的或内隐的影响，进而控制其行为的过程，其最具代表性的当属气功和瑜伽。19世纪初，德国学者舒尔茨初访印度，对瑜伽的暗示法进行了调查研究，回国后将之应用于治疗。舒尔茨把患者分为给药组和给安慰剂组，即一组真的服用了对症的药物，而另一组服用的是对人体无害的药品样片剂。一个疗程后，两组均有显著的疗效，这成功说明了自我暗示对疾病治疗的作用。后来的麦斯麦术（即催眠的鼻祖）实质上也是一种暗示性治疗。近年来，如何应用暗示改善个体的自信、自尊，摆脱自我设限，开发潜能成为暗示相关研究的热点。其中运动心理学的实证性研究、文献分析研究皆证实了自我暗示对提高动作的稳定性、增加动作成功率、缓解竞技紧张具有重要作用。有的运动员在培养日记中回忆说："我为了要消除赛前的惊慌，使大脑安静下来，我的暗示口诀是：镇静，镇静，镇静就是胜利；我相信我的力量，我一定能取得胜利。"但是暗示培养的同时务必注意暗示用语需正向、准确，不宜出现否定用语，以防止反向诱导的发生。例如，缓解压力时，不宜使用"我毫无压力"或"我一点也不紧张"，而应使用"我很镇定，我很轻松"。

7. 模拟培养

一般心理培养的第七个方面是模拟培养，又称适应性培养或脱敏培养。该培养脱胎于心理治疗中行为学派的系统脱敏法，针对解决运动员赛前紧张、竞技情景怯场等适应性问题，帮助运动员取得更好的临场发挥。其操作是将培养安排在与比赛条件相似的环境下进行，以便使运动员逐步适应比赛的特殊环境，从而提高竞技场耐受度和适应性，减少赛场不良心理状态。为了达到最佳脱敏效果，培养者必须尽可能全面地掌握即将参加比赛的相关信息，包括对手、场地、设备、照明、器材、观众、气候、时间等，在此基础上进行综合合理的安排，方能顺利完成模拟培养的初步设计。之后，还要对生理、心理和环境等多方面因素进行考量，尽可能做到与实际相似。

模拟培养又可分为实战实景模拟和语言形象模拟两种，其中"实战实景模拟"就是在现实中实际创造出一个与比赛实际高度相似的环境完成培养，有助于帮助运动员更好地适应赛场情景，对各种突发情景能有所预见，并制订有针对性的应对计划，但所消耗的人力、物力巨大，存在投入大、成本高的弊病，且易受物质条件制约。而"语言形象模拟"则摆脱了现实情景的束缚，通过语言配合图表、图片、照片、录像、电影等手段描绘未来竞赛时的情形，让备战者可以清晰地想象对手的行动和自己的应对方式等。该培养方法投入少，且有利于技术、战术从运动培养场转移到比赛场上，但对培养者的语言表达和材料组织要求较高。

8. 生物反馈培养

一般心理培养的第八个方面是生物反馈培养，即通过现代电子仪器记录个体的内部生理功能，输出数据、图形、声光等反馈信号，帮助个体了解自身内脏机能及其他躯体机能，达到通过控制内脏活动，调节自身的目的，因此又称"内脏学习""自主神经学习"或"教育自己的内脏"。其实质是使培养者将自身生理功能变化的方向与自己的感觉联系起来，逐步学会在某种程度上调节自己的生理功能并向有利方向变化的培养方法，对消除过度紧张、焦虑、恐惧有巨大作用。其作用方式可以归纳为骨骼肌肉系统的生物反馈、自主神经系统的生物反馈以及内分泌系统的生物反馈。第一种系统的生物反馈培养最为常见，也易于诱发，而自主神经系统的生物反馈培养可引起中等程度的变化，但个体差异显著，而对内分泌腺体的生物反馈培养多通过间接的途径实现。

运动员或学生在培养和比赛过程中常常出现紧张、焦虑、抑郁等情绪波动现象，这种现象必然伴随生理反应，如心率加快、毛细血管扩张、血压升高等自主神经系统的变化。生物反馈培养对客观环境和仪器设备要求较多，需有专门的房间，整洁安静、光线柔和，不受外来干扰，常见仪器包括机电生物反馈仪、皮肤电反馈仪、皮肤温度生物反馈仪、脑电生物反馈仪以及心理、血压反馈仪等。

（二）专项心理技能培养

专项的心理技能指适合于某一专项所必须掌握的心理技能。同一个运动项目所需的运动心理技能具有跨年龄的稳定性，又表现出不同年龄段的特异性。此外，在培养和比赛不同阶段，运动员和教练员选择使用的心理技能培养方法也应有所区分。

1. 专项视觉感知技巧培养

排球运动环境具有动态性且充满活力，因此每位排球运动员都必须具备稳定且敏锐的视觉能力。研究发现，个体在运动情景下的视觉清晰度与影像对比会被削弱，但在注视运动中的物体时，视觉关注程度越高，视觉清晰度和影像对比的弱化就越慢。故而当运动员稳定的视觉和系统处于最敏锐的状态时，运动员和教练就可以参加其他视觉技巧培养了（Kluka&Planer，1998）。

虽然，一直以来关于视觉技巧增强与运动表现增强之间的联系尚未定论，但越来越多的证据表明有些核心视觉技巧可以通过培养得到加强。例如，排球运动员在经过六周排球技巧培养和普通运动视觉培养后，会聚和分散、中心意识与外缘意识、敏感功能对比、闪光融合以及识别速度等都得到了明显的增强。故而，相关培养课频率应保持每周三次，且以常规排球场作为规律性练习场所，以便保证练习过程和步骤贴近运动员的现实培养与生活。培养内容应包括：①在灯光照耀下，站在小蹦垫上传高抛球；②用散光装置来培养运动员的中心意识和边缘意识；③视觉记忆测试镜测试和识别速度；④通过要求运动员接传从隐蔽处来球以培养运动员的追踪和取球能力；⑤转身后迅速发现和追踪球的去向（Kluka et al，1996；Adolphe et al，1997；Vickers&Adolphe，1997）。

下面的练习内容（Kluka&Love，1988）亦可以有选择地融入培养课中。

练习 1

材料：在一张 75 毫米×125 毫米的文件卡片四条边的中间位置上各写四个排球术语（如扣球、传球、拦网和发球），要求运动员采用俯卧撑姿势，与卡片放置位置呈一条直线。

练习：要求运动员专注于卡片上任意一个单词，在进行俯卧撑时尽可能长时间地专注于卡片上的单词。

要点：完成 40 个俯卧撑，同时专注于卡片上的单词达 10 次。

其他练习方式：①变换专注方式。以顺时针方向专注于一个单词，专注于十字（上/下，左/右）方向。②变换俯卧撑方式。将卡片放在墙上与双目呈水平线，进行压墙俯卧撑；用一只手臂进行俯卧撑；进行三角形状的俯卧撑；用拍手的形式进行俯卧撑练习。

练习 2

材料：无。

练习：围绕球场轻松散步。

目标：盯着鞋带看 5 次；盯着右手方向的物体看 5 次；盯着左手方向的物体看 5 次。

练习 3

材料：一个平衡板，一个排球（本练习需助手一名）。

练习：练习者需在平衡板上保持平衡的同时注视同伴轻轻传来的球及其轨迹，在平衡状态下将球回传给同伴。

要点：在平衡状态下成功地连续传球 10 个。

其他练习方式：用两块平衡板，两只脚各踩一块，重复上面的练习。

练习 4

材料：一面墙，75 毫米×125 毫米的文件卡片一张，卡片中间有一块 $25mm^2$ 的黑斑点，一个排球，遮蔽胶带（本练习需要助手一名）。

练习：用遮蔽胶带将卡片固定在墙上，与视线平行。练习者离墙 4.5 米。双目紧盯卡片上的黑斑点，并把球发向对面的墙面。当球弹离墙面时，仍需紧盯着黑斑点并将球传给站在给球位置上的同伴。

要点：双目盯视黑斑点，重复 10 次或 2 分钟刚才的动作。

其他练习方式：改变墙上的卡片位置以模仿拦网高度。

练习 5

设备：排球网（本练习需要同伴 1 名）。

练习：两名队员隔网而立，彼此相距 90 厘米，保持四目相视的同时移动身体的各个部位，供同伴模仿，如缓慢移动右手，而同伴移动左手以完成模仿。

要点：在练习中，每过一分钟转换一次角色。

其他练习方式：逐渐加速移动身体各个部位，动作愈加复杂，模仿扣球和拦网。

练习 6

设备：录像机、电视机、一场比赛的录像、带橡皮擦的铅笔。

练习：练习者位置与电视机呈一条直线，相距 3 米。在播放比赛录像时，伸出手臂，拿着一只直立的铅笔，双目紧盯橡皮擦，用语言描述录像带里的比赛情况。

要点：双目紧盯橡皮擦达 30 次，闭目休息 1 分钟。

其他练习方式：向左转，与电视机形成 30°斜角。重复刚才的练习。

练习 7

设备：白色、红色和蓝色排球各 1 个——颜色代表不同的运球、击球类型（如白色用于慢速出球；蓝色用于击底线球；红色用于击对方半场球），以及传球机器（本练习需助手 1 名）。

练习：用传球机器，依照球的颜色开始扣球练习。

要点：成功地完成 9 个颜色代码反应。

其他练习方式：尽可能地增加球的数量（如 12 只球一只红色、4 只蓝色、4 只白色）。

2. 决策的心理培养

在运动员进行训练和比赛的过程中，人类视觉系统运用多种策略以确保视觉信息顺利置入大脑，具体包括变化的注意力深度（Variable Depth of Focus，VDF）策略（不对称），固定的注意力强度（Fixed Depth of Focus，FDF）策略（对称），或这两种策略的混合。运动员的每次触球都是一次视觉策略（这是一个独立的行为，有开始、发展和结尾）的应用，从而保证了相关信息获取的效率与精确。此外，决策的应用还决定了运动员每次触球时采取行为的时间维度。VDF 策略使得运动员在运动中注意过去的时间维度，而 FDF 策略使得运动员在运动中注意现时的时间维度。运动员最终得到的结果是"过去"的行为（正常表现状态）与"现在"的行为（最佳表现状态）的对比。

不难发现，从运动表现角度而言，排球运动最基本的运动行为即触球顺序。每次触球顺序始于球的运动，以运动员身体移动诠释球（或运动员）的运动目的为展开，再以触球结束。当球的运行与球员的运行在时空上相碰撞时，就行成了

"接触点"二这种构筑方式最早出现在运动技能学习的文献中，用以指理想的同步（coincidence anticipation timing）。

每次触球顺序都是一次独立事件，即运动员与排球之间可以构筑一种时空关系，在这个关系中，运动员一方是一连串运动行为系统，而球则是运行和被接触：当运动员专注于球时（VDF 策略输入），视觉的反向运动会记录"球"的相关运行时间信息，此时视觉反向运动只能记录关于过去的时间信息。围绕运动员时间轴触球顺序的时间元素的不均衡分布则可视为时间不匀称或"在过去接触"。而 FDF 策略的输入却是在每次触球顺序中建立了一个完全不同的时间信息分配模式。当运动员专注于一个接触区域，并发现接触点时，时间信息就均衡地分配到反向运动的时间轴的两边。通过同时输入关于"球"的运行和"接触"深度的均衡时间信息，运动员能够有效地分配关于过去和未来的均衡的时间信息。运动员的大脑在接收这些信息后建立了第三个范围，即现在的范围。围绕运动员时间轴的触球顺序的时间元素的均衡分布就是时间对称，或"在现时接触"。

以跳发球为例，传统视觉跟踪中，从接触到发球员的手到球，再到球碰到其他队员的手臂上的运动轨迹过程中，运动员采用了平缓追踪的眼动、朝向方式。但当排球运行速度大于 70 米/秒时，运动员很难在叩击或跳发的同时继续追踪。于是，大多数运动员运用 VDF 策略来跟踪发出的排球，即从球接触到发球运动员的手的那一刻起直到排球被打到接球运动员的手臂为止。但使用这种策略导致该球落点的视觉影像毫无用处，即当接球者处理完来球的最终视觉影像时，该球早已离开，故该运动员不得不依赖于高校体育教师先前描述的预测技巧。

运用 FDF 策略要求运动员首先专注于位于正前方一臂远的一扇"窗户"，运动员需运用外缘视觉以确定来球的方向和速度，以计算窗户所处的位置，以便当球行至窗户时及时顺利击回。此时运动员能够在"视觉的现实中"而不是"视觉的过去中"任意击球。虽然相关报道层出不穷且理论基础日趋完善，但学界仍亟待进行设计完备、论证充分的研究以证实固定的注意深度可以提高排球运动员的运动表现。

3. 观察学习的培养

大多数排球技巧可分为"封闭式"和"开放式"。封闭式技巧指主要依赖内部调整的技巧，具有调节性，表现独立，且运动顺序适宜，如发勾手飘球即属此类，此时发球成功与否完全取决于运动员的个人能力。而开放式技巧增加了外部调整的因素，如拦网就属于开放式技巧，因为成功的拦网取决于扣球手的速度、排球叩击方式、拦网队员的起跳以及调整能力、拦网时机等。正确理解这个概念，有助于对开放式技巧和封闭式技巧的分析。

建立运动表现技巧习得的基础需要深入的学习与实践。例如，通过对高效率和健将级优秀运动员运动技巧的分析（或者与他们接触，或从电影里观看到，或电脑模拟，或想象等），或将生物机械学原理用于运动技巧表现中。例如，每一个排球技巧可被分为5个时间顺序相连的阶段：①站好位；②做好行动准备；③实施行动或接触排球；④完成行动；⑤为下一次行动做准备。因此，在分析拦网行动时，教练应该注意以下事项。

（1）注意准备时运动员的身体姿势，观察身体第一平衡。

（2）在头脑中表象准备阶段结束、运动员准备拦网时，观察身体各部位：双肩、手臂和肘关节等。

（3）注意触球瞬间时手部的位置。

（4）表象脱离刚触到的球后，观察运动员的头、双肩和腹部；观察运动员完成行动时的身体平衡。

（5）为随后行动做准备的阶段，专注于运动员的身体运动。

由于只有3%的视觉角度能在一定的距离内集中于某一物体（约为拇指指甲大小），教练运用外缘的视觉系统来探查大部分运动，因此，教练在适当的距离来观察与周围其他事件同时发生的运动员的整个运动顺序显得尤为重要。此外，关注运动员主要动作的同时，应采用直线形式进行视觉搜寻，从到腹部到鼻部，或从鼻部到腹部。下面的方法也许可以帮助正在学习运用视觉感知来识别和诠释与运动表现相关的标志符号的教练（Barrett，1979；Kluka，1999）。

录像带分析法可以提高教练员（和运动员）的决策能力和诠释运动表现线索的能力。研究人员建议在反馈信息或分析结果给运动员之前，教练员应多次观察运动员的运动行为，包括一次从背后观察、一次侧方视角、一次前方观察。通过对这三个角度运动员运动行为的录像、反复观摩，方可收集到较完整的信息。而对于其他一些运动技巧，比如拦网和扣球，可直接俯拍录运动员的运动表现（如俯视的角度可以使得教练评估运动员的垂直轴心的运动表现）。慢放录像带观察运动表现也可以帮助教练暂时"中断"思绪，并仔细分析运动员的运动技巧。在准备和行动阶段，暂停播放录像带有助于教练对每一个运动行为做出预测。

4. 压力应对培养

在心理培养过程和实际培养中，不同的策略往往针对不同的问题，如帮助球员处理压力的策略与制订长期计划以帮助运动员更好地应对与比赛相关压力的策略就大为不同。即便如此，不同的策略在原则上却仍保持着一定的一致性，即通过准备和培养尽量减少竞技压力。

（1）激动情绪调控方法。

比赛中过度兴奋和过度的应激状态都会对问题解决和决策行为产生消极影响，常见的包括散漫、冷漠、懈怠等。为了确保运动员在竞技过程中保持积极的心态、任务行动计划专门化和思维目标导向清晰，教练员需安排科学有效的练习与培养（包括心理排演）帮助他们避免自动化的消极思考方式，保持积极乐观的心态，从而有效应对现实的或潜在的问题，应对各种情况。

（2）影响环境的方法。

制定合理有效的环境计划有助于做出竞技策略的决定和调整，从而将压力降低到最小，提高二次评估中教练和球员的自信与灵活性。

（3）影响他人的方法。

当球员因过度自信而自以为是或心不在焉时，教练和其他队友应制定相应的对策重新唤醒该队员的目标导向行动，同时减少与任务无关的想法。

（4）调控相互影响的方式。

运动员与教练员间的沟通与运动员间的沟通方式应积极顺畅，奚落和讥笑等不良的沟通方式会对他人造成干扰，甚至影响被讥笑者的情绪培养及竞技状态。球队应当制定相应的规则来约束队员的行为，教练员亦需密切关注队中成员间的互动方式，避免不良沟通的恶劣影响。

除此之外，将压力融入培养中也是一种提高适应性的有效培养手段。"融压力于培养中"最早由 Meichenbaum 提出并进行了应用性尝试。该培养方法结合了培养与考核，首先对运动员进行一段时间的指导和培养，帮助他们有效识别压力、认识自己，明确目标、执行目的和评估行为结果，最终对自己的行为进行总结，从而帮助他们适应压力、应对压力。

因此，内部对话是寻找问题解决方案的有效方法。通过这种方法，运动员可以将问题化整为零，分解解决，消除焦虑等负面情绪，从而提升运动员在压力情景下的适应性，提高能力与球队的综合实力。

5. 行为控制培养

球员的个性与信息处理方式限制了个体的行为控制程度与方式。行为控制的能力与个体的个性发展紧密相关，并且具有极大的可塑性和可适应性，且可能发生终生影响。行为控制即个体搜索并处理信息以解决问题的方式，在很大程度上依赖于两种信息处理基本构筑方式，即行为（或目标）导向和状态导向。鉴于排球的高竞技性，高水平的运动员和教练应具备熟练处理两类信息的能力，可以灵活自如地转换于两个模式之间。例如，在计划目标时，教练和队员应广泛采纳各种信息（状态倾向），再在此基础上采取行动，以实现理想结果（行为倾向）。在制定行为决策时，行为倾向明确的运动员的态度更为积极且更为专注。Heck-hause认为有七种因素影响运动员将意图转化为行动。

（1）选择性注意。

运动员的注意力应始终关注于比赛环境及相关行动计划的相关信息，同时忽略或主动压抑干扰思想与情感。例如，一名扣球运动员故意不看记分板上的分数，而是紧盯着二传手的指令准备下一个反击动作。

（2）了解赛事相关信息。

深入了解赛事相关信息的重要性和关联性，并进行深入分析，以便更好地思考下一个信息。例如，赛前准备时对方球队的两个主攻手紧挨着二传手不断变换位置，而这位二传手把球传向站在旁边的教练。全神贯注的运动员试图牢记站位关系和传球意向，即使观察的意义一时还显现不出来。

（3）情绪控制。

运动员的情绪状态将影响其表现和有效地执行行动计划的能力。全神贯注的球员更了解自己的最佳情绪状态，且试图重新进入这种状态以增大成功的可能性。例如，许多运动员在赛前都会参加一种个体的仪式以使自己进入最佳情绪状态。同样，在结束一次糟糕的比赛后，专注的运动员并不会沉湎于这些消极因素中而害怕和退缩，而是积极专注下一场比赛。

（4）控制动机。

当运动员与球队目标高度一致时将采取更为积极的行动，且更为妥善地处理目标和动机间矛盾，并最大限度地发挥自己的作用。例如，球员的一个目标就是在特殊培养营地认识到怎样更合理地消耗自己的能量（如使自己更接近目标），刻苦培养，而不是与朋友整夜觥筹交错。

（5）控制环境。

若运动员所处的环境里有消极的干扰因素影响其动机，此时，个体应重新整理环境信息，调整自身目标与球队的整体目标和意图一致，帮助他人认识到自己的优点，重新投入行动计划，力争实现自己的目标。例如，通过鼓励球迷观看球队的比赛，不仅可增加球队队员的出勤率而且还可改善比赛时的环境。球迷日渐热情的支持和欢呼雀跃，有利于改善球队的比赛水平。

（6）经济地处理信息。

信息处理应在数据收集可靠可行的前提下，尽可能经济且有利于实现合理的目标。例如，拦网队员在每一次拦网时，持续不断地正确"阅读"对手的扣球并巧妙地贯彻合理的防卫行动。因此，在关键时刻，没有理由让拦网队员改变拦网策略。

（7）应对失败。

当目标未能实现，要对失败的原因进行分析时，应针对目标和队员实际能力间的关系进行深入分析，帮助运动员走出失败的阴影，重新踏上征程，全神贯注于下一个目标和实现目标所应付诸的行动（如准确地接传下一个发球，将球扣过网等等）。团队任务目标失败时亦然。例如，球员都不自觉地会在失败后"第二次反思"自己（或者是反思他们的教练）。而注意力集中的球员绝不会为这些沮丧、愤怒和怀疑的情绪所干扰，反而会更加积极努力地进行下一个行动。

二、比赛的心理培养方法

（一）赛前心理培养

1. 赛前心理状态分析

竞赛是一种特殊的体育活动形式，其诱发的高度紧张状态可对运动员的心理产生不同程度的影响，使个体的心理状态发生变化。随着比赛期临近，这些变化和影响也日益显著，出现时间多为赛前几天或几小时，表现形式多种多样，个体差异显著。经归纳总结，一般可以分为以下四种心理状态。

（1）振奋积极。

振奋积极状态是一种有利于比赛的心理状态。运动员对比赛的目的、任务明确，有强烈的责任感。具体表现为：劲头十足，精神饱满，积极性高，注意力集中，生理状态和心理状态都处于高水平，兴奋和抑制处于最佳状态，渴望发挥自己的力量，坚信自己在比赛中能够获胜或取得好成绩，且可以清楚、客观地评价自己技术的优、缺点，对比赛中可能的突发状况及应对方式也有一定的准备。达到此种状态的运动员，在比赛中达到或超过预期水平的可能性更高。

（2）紧张胆怯。

紧张胆怯状态是一种不利于比赛的心理状态。运动员对即将到来的比赛表现出忐忑不安、兴奋过度、情绪急躁、不知所措、头脑昏沉、注意力不集中等心理状态，且对表现自己原有水平和战胜对手缺乏信心。生理方面也会出现呼吸急促、脉搏加快、血压升高、失眠厌食、手脚发抖、浑身打战、口渴等现象。在比赛中，能力下降，动作失常，比赛是在失控的状态下进行的，成绩往往大幅度下降。这种状态常发生在培养水平低的运动员或新手身上。从生理机制来分析，兴奋度低，大脑皮质信息传递不充分，或兴奋过头是主要原因。

（3）消极淡漠。

消极淡漠状态也是一种较差的心理状态。运动员对即将到来的比赛采取消极逃避的态度，责任心不强，态度淡漠，不想参加比赛，注意力分散，丧失了战斗的意志，陷入了意气消沉的状态中。运动员躯体化较明显，多表现为全身无力，兴奋性低，在心理上没有竞技欲望，且准备活动也无法激起个体的竞赛欲望。这种状态的运动员多存在比赛目的不明确，对自己失去信心或认为比赛无所谓，责任心不强等诸多问题。

（4）盲目自信。

盲目自信状态是对即将到来的比赛困难估计不足，过高地估计自己的实力，相信自己能轻易取胜，以致在赛场上掉以轻心，随随便便，不能充分地动员自己全部力量去克服困难，出现注意涣散、不集中，知觉、思维迟钝，即便情绪饱满，也带有消极盲目乐观的意味。产生的原因主要是指导思想不明确，情况掌握不全面，过低估计对手的实力，或运动员自身的傲气和目中无人。

2. 运动员赛前心理培养方法

为了使运动员的身体和心理状态更适应比赛需要，并在比赛中保持最佳水平。运动员、教练员及相关人员应根据情境特点和个人情况，从以下三个方面进行心理调节，即身体调节、认知调节和环境调节。

（1）基于身体动作的心理调节方法。

常见调节方法包括呼吸法、活动调节、表情调节三种，呼吸法在前文已做叙述，在此便不再赘述。

1）活动调节（activity intervention）指通过调节身体活动方式控制情绪的方法。大脑与肌肉的信息存在双向传导，肌肉活动积极，大脑接受的神经冲动就多，反之大脑兴奋水平高，情绪就会高涨。而当肌肉放松时，大脑接受的神经冲动减少，兴奋性降低，高涨的情绪也会得到适度缓解。鉴于此，采用不同速度、力量、幅度、方向和节奏的动作练习，可以有效调节运动员临场的情绪状态。例如，当运动员情绪过分紧张时，可采用一些强度小、幅度大、速度和节奏慢的动作练习，以降低情绪的兴奋性。反之，当情绪低沉时，可采用一些幅度小、强度大、速度和节奏快的动作练习，以此提高情绪的兴奋性。

2）表情调节（expression intervention），即个体通过有意识地改变自己的面部表情和姿态达到控制情绪的目的。情绪状态与外部表情间存在着一定的联系，伴随情绪产生的一系列生理过程变化会引起面部表情及姿态的改变。例如，愉快时笑容满面，手舞足蹈；愤怒时横眉冷对，紧握双拳；沮丧时垂头丧气，肌肉松弛等。由于存在这种双向联系，故可以通过调节表情来改变情绪状态。例如，感到紧张焦虑时，可以有意识地放松面部肌肉，或者用手轻搓面部，使面部肌肉有一种放松感。当情绪低落时，可以有意识地做出笑脸，或看看别人的笑脸，或想想过去最高兴的事，如自己最得心应手的一场比赛的情境等。

（2）从认知角度进行心理调节的方法。

情绪的认知调节（cognitive intervention）指通过改变认识来控制情绪，包括表象调节、暗示调节、宣泄调节、情志转移、激化调节等。

1）表象调节（imagery intervention）是通过表象控制情绪和行为的方法，即运动员在上场前，在脑中对自己过去获得成功时的最佳表现进行清晰表象，细致体验当时的身体感觉和情绪状态，从而达到增强信心，提高运动成绩的作用。已有研究表明，有的马拉松运动员就是运用表象重现法提高了比赛成绩。表象重现属积极意念，可以间接活跃植物性神经系统，使心跳加快，呼吸增强，新陈代谢血流量增加，糖分解加速，热能供应充足，使全身的增力感觉和增力情绪加强（全国体育学院教材委员会，1988）。

2）暗示调节（self－suggestion intervention）主要是通过言语暗示控制情绪和行为的方法，也可借助手势、表情或其他暗号来进行暗示调节。

暗示可分为自我暗示和他人暗示。比赛前和比赛中，教练员与运动员应尽量使用积极语言分析对手的情况，制定具有针对性的战术，树立获胜信心。在暗示过程中应避免使用消极词语，如用"我很镇静"代替"我不紧张"，用"我充满力量"代替"我还没有疲劳"，用"我站得很稳"代替"千万别摔倒"等。此外，还应当注意自己的手势、姿态、脸部表情和眼神，不忽略任何一个暗示信息的传递媒介，以此影响心理。

运动员自己也可以有意识地使用自我激励方法。例如，一名总是怯场的足球运动员在一次关键比赛上场前，站在场边，"啪，啪"自掌两耳光，嘴里念叨着"别没出息，打沉对方"，使自己迅速兴奋起来并取得了良好的成绩。合理应用暗示调节可有效缓解运动员的心理压力，提高心理稳定性，保证身体和战术水平正常或超常的发挥。

（3）从环境角度进行心理调节的方法。

情绪的环境调节（environment intervention）指通过改变环境来控制情绪，除前文述及的音乐调节，还有颜色调节和气味调节等。

1）颜色调节（color intervention），即指通过颜色的主观感受差异控制情绪的方法，在体育领域多通过"联觉"实现。例如，过分紧张时，看些绿、蓝、紫色，可以起到镇静作用。用绿毛巾擦汗，饮用带绿色的饮料，到蓝色环境中休息一下，可使过度兴奋得到缓解。当运动员临场精神状态不振时，可以给予红色或黄色刺激。

2）气味调节（odor intervention）是通过气味控制情绪的方法。在培养和比赛期间，应注意保持宿舍整洁，空气清新，运动服和擦汗巾清洁。比赛前，可在干净的擦汗巾上洒一点香水，以便在赛间擦汗时能通过淡淡的香味调节自己的情绪状态。

（二）赛中心理培养

比赛的过程跌宕起伏，在激烈的比赛过程中，运动员的心理状态也随着竞技形势的变化而起伏变化。从排球运动员参与临场比赛的过程、对手实力强弱和暂时面临的形势来看，运动员心理状态的变化如下：斗志旺盛并能充分控制自己的行为，全力以赴投入战斗。当争夺激烈胜负难分时，运动员的心理状态也随之紧张起来，此时若能进行有效的自我调整，则能保持激活水平，充分发挥出技术水平；若不加调整，则易陷入紧张情绪，畏错更出错，或行动犹豫，最终贻误战机。此时，教练员应及时给予指导，帮助运动员打消思想上的顾虑。

1. 优势比赛形势下运动员的心理培养

比赛中的领先局势通常会起到鼓舞士气，提升兴奋性，集中注意力，保持情绪高涨的作用，但有时也会适得其反，对运动员的心理造成不利影响。例如，陷入保守，希望维持现状、速战速决，为守住优势而束手束脚；甚至陷入优势减少被逆转的焦虑之中。

比赛领先时，运动员往往欲继续扩大领先优势，以便确保最终的胜局，此时，运动员应努力做到以下几点。

（1）认识到比赛中的领先优势往往是暂时的，时刻提醒自己应当从零开始，完成好当前技术动作，坚持原定比赛方案。

（2）正确理解过程与结果的关系。比赛中只有关注技术和运动过程，只有完成好每一个技战术环节，才有可能得到预期的比赛结果，因为在整场比赛中个体所能控制的只有自己的技术动作，而非比赛结果。

（3）面对领先的局面，一些运动员会存在想赢怕输的想法。此时应努力将"想赢怕输"转化为"敢于胜利，不怕失败""打好像我，打坏认可"，而保守怕输常会使优势退化为劣势。

（4）领先时，许多运动员会担心出现失误，担心好的动作感觉会失去，害怕对手有超水平发挥，缩小或逆转比赛局势。此时积极的做法是把包袱甩给对手，抱定不怕失败的决心完成比赛。

2. 比赛开局不利的心理培养

开局的表现往往是运动员做好了赛前的准备之后上场的，赛前的充分准备往往无法穷尽比赛中所有的影响因素，比赛开局不利的情形时有发生。如果此时运动员不能稳定心态，控制情绪，抑制住消极想法，则会陷入被动的局面。根据大量运动员成功的实战经验，这种情况下运动员通常应做好以下几点。

（1）专注比赛任务，回想比赛预案。开局不利可能是自己的某一失误造成，可能是对手超常发挥所致，也可能是由于某种（或某些）偶然因素。此时运动员应在接受现实的基础上，专注于比赛形势分析，通过回想比赛方案或默念暗示语来调控自己的情绪和思维。

（2）注重比赛过程，专心执行动作。开局不利往往使运动员的注意长时间停留在已完成的比赛上，难以专心继续下面的比赛。此时运动员应及时提醒自己，借助暗示语、表象技术动作及回忆比赛方案等以使自己的精力重新集中起来。

（3）坚定信心，不轻言放弃。暂时落后时，运动员更要坚信自己的技战术实力，坚信事先认真制订的比赛方案。只要比赛还在继续，落后局面就有扭转的机会。

（三）赛后心理培养

运动竞赛的成功或失败，都会影响运动员的心理活动，并伴随着各种情绪体验。重大比赛成绩对运动员的心理刺激尤为强劲，在大脑皮质中的痕迹作用可长达1～3个月。有些运动员会因一次失败造成心理创伤，从而一蹶不振，甚至中断运动生涯。因此，赛后运动员心理状态的分析及调整十分重要。优胜者常常沉醉于兴奋之中，而失利者往往陷于沮丧苦恼的境地。若这种心境状态持续不息，将对未来的生活和培养造成不良影响，甚至出现伤病事故。由于运动员的个性特点和意识倾向，赛后情绪体验不同，所产生的心理状态也千差万别，但一般而言，无论是比赛的成功者还是失败者，其情绪的体验都具有积极和消极两个方面。赛中的生理和心理负荷需要赛后相应的心理调整及日常按摩、理疗等，但这些手段只对机体各部组织的主动和被动的机械性恢复有效，只能反射性地改善和调节中枢神经系统的机能，而不能主动地对中枢神经系统产生直接影响。

1. 通过认知调整比赛所带来的消极心理反应

既然是比赛，即有输赢，成功与失败是竞技体育永恒的主题。研究表明，运动竞赛中，运动员的身心高度紧张，异常迅速、激烈、活跃。高度紧张的心理过程贯穿于运动竞赛的始终。但不论是赛前的紧张，还是赛后的心理波动，都只是一种暂时的心理现象，是一种正常的情绪状态。教练员应当教会运动员正确看待比赛中各种刺激因素及威胁到个体自我评价的心理压力所造成的结果，正确看待比赛的胜负，防止胜利后运动员的兴奋陶醉和失败后运动员的沮丧对将来培养和比赛的消极影响。

2. 运用语言暗示及时消除比赛后的心理疲劳

可以说，体育比赛对于运动员的心理素质要求是非常高的，随着竞技体育的发展，比赛的激烈水平日益提高，运动员长期暴露于高强度心理压力之下，极易出现心理疲劳现象。进入心理疲劳状态时，会体验到乏力、意志减弱、情绪不安、烦躁易怒，对培养和比赛兴趣减退等，但经适当调整后即可得到恢复。语言暗示对消除比赛后的心理疲劳起着重要作用，可分为自我暗示诱导放松和他人暗示诱导放松两种，使运动员的精神和肌肉可以在语言的诱导和音乐的良性刺激下充分放松，使大脑入静，调节大脑有序的工作。

3. 运用生物反馈培养法进行心理康复培养

经过竞争激烈的比赛后，运动员的心理产生波动，生物反馈培养法是利用电子仪器把运动员内脏活动的信息显示出来，使自己了解行动的效果，用以消除个体的过度紧张。运动员在比赛中和比赛后的心理状态时有波动，在生理上表现为心率加快、毛细血管扩张、血压升高等。通过电子仪器显示的各种信号，使运动员了解自己在紧张情况下的一些主要生理反应，学习并掌握控制生理机能的方法，进而消除精神的紧张。目前，运动心理学界多采用遥测、皮肤电阻变化等信息进行反馈。例如，肌电反馈中，当肌电信号明显减弱，培养者根据灯光渐灭、声音渐小或图像逐渐平稳就知道自己逐渐放松，努力体会放松的感觉。但这种方法属于中枢神经系统对自主神经的调节和控制的过程，熟练掌握需要很长时间，所以必须与其他康复培养相结合，方能取得较好的培养效果。

4. 利用催眠术进行心理康复培养

比赛之后的心理康复是非常重要的，催眠术也是通过心理暗示的方法，使被催眠者的心理活动达到某种境界，呈现出一种介于觉醒和睡眠之间的特殊心理状态。在这种状态下，被催眠者思维狭窄、意识恍惚，能与施术者保持密切的感应关系，对施术者的每句话、每个字全部接受，绝对服从，对外界的干扰毫无反应。催眠主要是通过一次单调、重复、刻板的刺激和反复运用一些表明胜利睡眠的词语，使受术者的听觉、视觉或触觉产生疲劳，诱发不同程度的催眠现象。用于消除心理疲劳的催眠术，可以在运动间歇或运动后进行。催眠用于消除疲劳能起到令人惊奇的效果，无论是培养后、比赛间歇还是比赛后使用自我催眠或他人催眠，都能迅速消除疲劳和继续保持充沛的体力。

5. 通过想象放松培养解除心理疲劳

长时间的比赛对运动员的耐力是个考验，在比赛之后，想象放松是指运动员想象自己处于某种放松的环境之中。一般采用仰卧位四肢平伸，处于安静状态，闭上眼睛，注意集中在大脑所想象的事物上，主要用于改变个体的心理环境。

6. 通过自我调整练习进行心理康复培养

激烈的比赛会对运动员的心理产生很大的影响，自我心理调整指借助语言暗示及语言一致的思维形象作用于人本身，改善情绪反应及各器官和系统的机能状态，词语以肯定的方式影响人的自我感觉和活动能力，是心理自我调整方法的基础。自我心理调整有两个方面，即自我说服和自我暗示。首先要通过呼吸调整和语言暗示进入朦胧状态，在这种状态中，大脑对于语言以及语言相联系的思维形象特别敏感。其次，要学会高度集中注意力。

7. 通过音乐调节进行心理康复培养

比赛之后的正向反馈是很有必要的，音乐能够影响人的大脑和身体，例如，催眠曲有助入眠，唱歌曲可以舒缓疲劳感等。研究表明，不同的音乐能够使人进入兴奋、镇静、平衡等情绪状态。实时给予运动员音乐类声波信息，有助于消减运动员比赛后的心理紧张和心理疲劳，故在比赛后选择一些优美的轻音乐或运动员平时喜爱的音乐，可以很好地刺激运动员的中枢神经系统，以消除因紧张激烈的比赛在大脑皮质中的强痕迹，对功能恢复有积极的促进作用。

8. 目标设置与自信心培养

赛后的心理培养，明确各阶段的培养目的、具体要求、详细内容、实现手段、主要方法，确定每名运动员的目标及完成任务的方法，提高受训者的培养自觉性，促进适当动机的形成与巩固，并通过想象培养对美好的培养前景及培养过程中可能遇到的困难进行描画，培养良好的培养态度，养成积极的思维习惯，增强自信心。

参考文献

［1］刘一平．当代大学生体质健康与促进［M］．北京：科学出版社，2015.

［2］毛振明．体育教学论［M］．北京：高等教育出版社，2017.

［3］葛春林．优秀排球运动员运动能力的研究［M］．北京：北京体育大学出版社，2013.

［4］张振华．体育教学理论与方法［M］．北京：北京师范大学出版社，2016.

［5］刘云民，王恒．排球教学与训练［M］．哈尔滨：哈尔滨工程大学出版社，2016.

［6］潘映旭，安琪，王骏昇．中小学排球教学理论与方法［M］．北京：北京体育大学出版社，2016.

［7］张新．中学体育教学设计［M］．北京：科学出版社，2012.

［8］龚坚，张新．体育教育学［M］．重庆：西南师范大学出版社，2006.

［9］秦志辉，宛莉．学校体育科研理论与方法［M］．重庆：西南师范大学出版社，2006.

［10］于可红，余立峰．体育课程教学模块设计［M］．北京：高等教育出版社，2008.

［11］张振华．论中国特色体育科学思想的基础［J］．北京体育大学学报，2005（3）.

［12］杨文轩．关于"体育与健康课程标准"修订的思考［J］．体育学刊，2011（5）.

［13］虞重干．排球运动教程［M］．北京：人民体育出版社，2009.

［14］黄汉升．球类运动——排球［M］．北京：高等教育出版社，2005.

［15］陆文德．中学排球运动训练教程［M］．北京：人民体育出版社，2006.

［16］古松．排球基础教学与训练［M］．北京：北京体育音像出版社，2004.

［17］陈刚．现代排球教程［M］．长春：东北师范大学出版社，2004.

［18］杨世伟．体能训练学［M］．北京：高等教育出版社，2002.

［19］王春英．和谐社会视域中的公民素质［J］．社会主义研究，2010（1）.

［20］戴剑，张振华．多元化教育理念对学校体育影响与变迁［J］．安徽体育科技，2009（3）.

［21］龚正伟．体育教学论［M］．北京：体育大学出版社，2004.

［22］戴剑，张振华．多元化教育理念对学校体育影响与变迁［M］．北京：中国建筑工业出版社，2007.

［23］毛振明．体育教学改革新视野［M］．北京：北京体育大学出版社，2004.

［24］姜新生．个别化教学策略［M］．北京：人民教育出版社，2012.

［25］董奇，陶沙．动作与心理发展［M］．北京：北京师范大学出版社，2004.

［26］郭文安，靖国平．论当代教育对于人的独立个性的追求与探索［J］．教育研究与实验，2000（4）.

［27］王卫东．现代化进程中的教育价值观［M］．北京：中国社会科学出版社，2002.

［28］商继宗．教学法现代化的研究［M］．上海：华东师范大学出版社，2001.

［29］张振华等．体育学习与培养［J］．安徽师范大学学报，2007（3）.

［30］盛建国，张永贵．体育课教学方法的层次结构论［J］．体育科学研究，2006（1）.

［31］金宗强，葛春林．国内外排球专项体能理论研究进展［J］．天津体育学院学报，2003（3）.

［32］胡小明，虞重干．体育休闲娱乐理论与实践［M］．北京：高等教育出版社，2004.

［33］魏俊民．体质与健康关系的定性分析研究［J］．宝鸡文理学院学报，2006（4）.

［34］葛春林．最新排球训练理论与实践［M］．北京：北京体育大学出版社，2003.

［35］张学忠．学校体育教学论［M］．北京：人民体育出版社，2002.

［36］樊临虎．体育教学论［M］．北京：人民体育出版社，2002.

［37］毛振明．体育课程与教材新论［M］．沈阳：辽宁大学出版社，2001.

［38］周登嵩．学校体育学［M］．北京：人民教育出版社，2005.